Los muertos no hablan

un viaje a Perú

AF140945

Tote reden nicht

eine Reise nach Peru

Bibliografische Information der Deutschen Nationalbibliothek.
Die Deutsche Nationalbibliothek verzeichnet diese
Publikation in der Deutschen Nationalbibliografie;
detaillierte bibliografische Daten sind im Internet über
http://dnb.d-nb.de abrufbar.

Herstellung und Verlag:
BoD- Books on Demand
Norderstedt
ISBN: 9783734722264

Estimados lectores:

Este libro de alto nivel lingüístico es una colaboración entre mi marido, Gerhard Wetz, que cuenta mejores historias, y yo, que me interesa más la parte de los idiomas.

Decidimos publicar este libro de forma bilingüe. Es decir que funciona ida y vuelta.
Esperamos que sea útil para aprendices de ambos idiomas. Así se puede disfrutar de la historia sin el rollo de buscar el vocabulario desconocido. Déjense llevar al mundo mágico de Machu Picchu.

Monika Stegmann

Liebe Leser:

Dieses Buch auf Fortgeschrittenen-Niveau ist eine Zusammenarbeit von meinem Mann, Gerhard Wetz, der einfach die besseren Geschichten schreibt, und mir, der Spanischhexe, die sich eher für den sprachlichen Teil interessiert. Wir haben uns entschieden, das vorliegende Werk zwei-sprachig zu veröffentlichen.

Der Grund: Auch für fortgeschrittene Schüler mag die eine oder andere Vokabel eine Heraus-forderung sein, und wir wollen den Lesespaß nicht durch langwieriges Suchen im Wörterbuch unterbrechen. Umgekehrt ist es auch spanisch-sprachigen Deutschlernern möglich, mit unserem Buch zu arbeiten.

Und abschließend kann sich der geneigte Leser auf diese Art auch mit der Beispiellösung von Übersetzungs-Problemen auseinandersetzen, und somit seine eigenen Sprachkenntnisse verbessern.

Wir hoffen, ein Buch geschaffen zu haben, das somit alle als nützlich, spannend und interessant empfinden, während sie in die magische Welt von Machu Picchu eintauchen.

Monika Stegmann

Para Leopoldo que no se cansó de modificar el texto para que suene más español.

Für Leopoldo, der nicht müde wurde den spanischen
Text so zu verbessern, dass er auch für Spanier
„Spanisch" klingt.

El guardián de Machu Picchu

En la montaña Huayna Picchu

Echó una mirada pensativa a las ruinas de Machu Picchu. Comparado con el gigantesco escenario de las estribaciones de los Andes, con escarpadas cumbres montañosas que parecían alcanzar el cielo, incluso los restos de esta antigua residencia del rey inca Pachacutec parecían pequeños e insignificantes.

Pero él, como último descendiente de la ancestral tribu Cañaris, que habían sido los guardianes secretos de esta ciudad durante cientos de años, sabía que unas dos mil personas habían vivido, amado y trabajado allí.

Muy por encima del río Urubamba, antaño, el sol se reflejaba magnífico en los utensilios de oro de los sacerdotes.

Aquí arriba, en el Huayna Picchu, la "cumbre joven", que domina la antigua ciudad inca, ya hacía sol y a lo lejos justo enfrente de él se podía ver la Puerta del Sol (Intipunku), donde aparecían ya los primeros senderistas del día.

Der Wächter von Machu Picchu

Auf dem Berg Huayna Picchu

Er warf einen nachdenklichen Blick auf die Ruinen von Machu Picchu. Verglichen mit dem gigantischen Szenario der Ausläufer der Anden, mit schroffen Berggipfeln, die bis in den Himmel zu reichen schienen, wirkten selbst die Reste dieser ehemaligen königlichen Resistenz vom Inka König Pachacutec klein und unbedeutend.

Doch er, als letzter Nachfahre des uralten Stammes der Cañaris, welche über hunderte von Jahren die geheimen Wächter dieser Stadt gewesen waren, wusste, dass hier einst an die zweitausend Menschen gelebt, geliebt und gearbeitet hatten. Hoch über dem Rio Urubamba, hatte sich einst die Sonne prachtvoll in den goldenen Gerätschaften der Priester gespiegelt. Hier oben, am Huayna Picchu, dem "jungen Gipfel", welcher die ehemalige Inka-Stadt noch um einiges überragt, war es bereits sonnig, und genau gegenüber konnte er in der Ferne das Tor der Sonne (Intipunku) erkennen, wo bereits die ersten Wander-Touristen des Tages auftauchten.

La idea de que cualquier extranjero pudiera andar por estos lugares sagrados de los incas a él le provocaba náuseas.

Pero incluso aquí, de camino al Templo de la Luna, aún podía sentir la energía mágica de esta antigua ciudad.
Tal vez porque la ciudad nunca fue encontrada por los conquistadores españoles, y por lo tanto tampoco fue profanada.

Pachamama, la Madre Tierra, nunca había privado de su favor a Machu Picchu.

Allí abajo, en las ahora ruinas del Templo del Sol de Machu Picchu, aún se encuentran sus ojos. Los ojos de Pachamama.
Con ellos todavía observa la fortuna de los descendientes de la antigua cultura Inca.

Esos miserables descendientes que han olvidado por completo su cultura, y solo corren tras el dinero de los dos o tres mil turistas que cada día inundan Machu Picchu como langostas.
Pero él, el último guardián de Machu Picchu, era capaz de arreglar las cosas.

Der Gedanke daran, dass sich jetzt jeder hergelaufene Ausländer an diesen heiligen Orten der Inkas tummeln konnte, verursachte ihm regelrechte Übelkeit.

Aber noch konnte er selbst hier oben, auf dem Weg zum Mondtempel, die magische Energie dieser uralten Stadt spüren. Vielleicht, weil sie niemals von den spanischen Eroberern gefunden, und somit auch nicht entweiht wurde.

Pachamama, die Erdmutter, hatte ihre Gunst nicht ganz von Machu Picchu abgewendet. Da unten, im jetzt verfallenen Sonnentempel von Machu Picchu, kann man ihre Augen noch finden. Pachamamas Augen.Mit denen verfolgt sie noch immer die Geschicke der Nachkommen der einstigen Inka Hochkultur.

Diese armseligen Nachkommen, die ihre Kultur vollkommen vergessen haben, und nur mehr dem Geld von täglich zwei- bis dreitausend Touristen nachlaufen, die in Machu Picchu wie die Heuschrecken einfallen. Doch er, als letzter Wächter von Machu Picchu, konnte die Welt wieder gerade rücken.

El conocimiento de cómo hacer esto había sido transmitido en su familia durante muchas generaciones, de padre a hijo primogénito. Pero la línea iba a terminar en él.

La vergüenza de haber quedado sin descendencia, le torturaba constantemente. El cadáver, que estaba a sus pies no ofrecía buen aspecto. Había sido una mujer atractiva, pero solo el largo y brillante cabello negro y la constitución grácil sugerían eso.

Ahora, sin embargo, su cara era solo una mueca sangrienta.

Sus brazos y piernas habían sido fracturados muchas veces, y a veces formaban ángulos imposibles respecto al cuerpo.

Él se encogió de hombros. El aspecto de la ofrenda no importaba.

Ahora tenía que apurarse. Solo unos pocos turistas llegaban al templo lunar. Aunque antes había sido espléndido, ahora sus ruinas eran insignificantes. Todos los balbuceantes japoneses y estadounidenses preferían el otro camino, que era más cómodo de seguir.

Das Wissen, wie er das bewerkstelligen konnte, war in seiner Familie über viele Generationen vom Vater zum erstgeborenen Sohn weiter gegeben worden. Die Scham darüber, dass ausgerechnet er ohne Nachkommen geblieben war, nagte stets an ihm.

Der Kadaver zu seinen Füßen war kein schöner Anblick. Nur die langen, glänzenden schwarzen Haare, und der zierliche Körperbau ließen erahnen, dass dies vielleicht einmal eine attraktive Frau gewesen war.

Jetzt allerdings war das Gesicht nur mehr eine blutige Fratze. Arme und Beine waren vielfach gebrochen, und standen teilweise in unmöglichen Winkeln vom Körper ab.

Er zuckte die Achseln. Es war nicht wichtig, wie sie aussah. Er musste sich beeilen.

Zum Mondtempel kamen zwar nur ganz selten Touristen. Zu unscheinbar waren die Reste dieses einst so prächtigen Tempels. All diese plappernden Japaner und Amerikaner nahmen lieber den anderen, den leichten Weg, direkt zum Gipfel des Huayna Picchu.

Por allí, también los gorditos y antideportivos podían subir la montaña fácilmente, mientras que en este camino había que escalar.

¿Pero qué haría si alguien viniera aquí?

Decididamente arrastró el cadáver unos metros hacía un arbusto para ocultar los rastros.

Dort kamen auch die Dicken und Unsport-
lichen leicht den Berg hoch, während man
hierher auch klettern musste.

Aber was würde er machen, wenn doch einer
mal hierher kam?

Er zog die Leiche entschlossen ein Stück
weiter und versteckte sie schließlich notdürftig
in einem Gebüsch, um erst mal alle Spuren zu
beseitigen.

A la misma hora sobre el Atlántico

El sonido de los cuatro motores del Airbus A340-300 parece un poco el murmullo de una cascada lejana. Debajo de nosotros no hay nada más que la interminable extensión sin fin del Océano Atlántico.

Me siento tan eufórico y emocionado como si me hubieran crecido alas.

Después de muchos años de frustración, tan profesional como en la vida privada, por fin estoy viajando de verdad a Perú.

Habían sido difíciles negociaciones, pero al final conseguí de mi jefe cinco semanas para cumplir mi viejo sueño de descubrir Perú por mi cuenta. Como muchas veces tratándose de mis sueños, mi esposa consideró esa idea simplemente una imbecilidad. Su horizonte intelectual se limita a solo unos pocos kilómetros alrededor de nuestro apartamento en Graz.

Zur gleichen Zeit über dem Atlantik

Die vier Triebwerke des Airbus A340-300 hören sich ein wenig wie ein weit entfernter rauschender Wasserfall an. Unter uns nichts als die endlose Weite des atlantischen Ozeans. Ich fühle mich so beschwingt und aufgedreht, als ob mir Flügel gewachsen wären.

Nach jahrelangem Frust, sowohl beruflich, als auch privat, bin ich nun tatsächlich unterwegs nach Peru.

Ganze fünf Wochen Urlaub habe ich nach zähen Verhandlungen von meinem Arbeitgeber bekommen, um mir einen alten Traum zu erfüllen, nämlich Peru auf eigene Faust zu erleben

.

Meine Frau fand diese Idee, wie so oft, wenn es um meine Träume geht, einfach idiotisch. Ihr geistiger Horizont erstreckt sich nur so einige Kilometer rund um unsere Wohnung in Graz.

Allí ella pasea todos los días varias veces con su perro. Según ella es todo lo que necesitamos. Y me explica que yo debería saber que me obliga cierta responsabilidad con nosotros. Lo veo algo diferente, así que decidí – después de mucho ir y venir – formar mi vida solo. ¡Probablemente solo tengo esta!

Soñando con los ojos abiertos a unos diez mil metros de altura, ya me veo en los pasos de Hiram Bingham a través de las montañas inaccesibles de Perú, y vuelvo a descubrir las impresionantes ruinas de Machu Picchu.

„Geri, el indio, en busca del tesoro del oro de los incas", por decirlo así …

Debo haber sonreído feliz estos pensamientos, porque mi vecino de asiento, en el lado de la ventana del avión, un chico bronceado con ojos azul claro y cabello rubio, me da un codazo.

Da geht sie tagtäglich mehrmals mit ihrem Hund spazieren. Mehr braucht sie nicht, sagt sie. Und ich sollte eigentlich auch wissen, dass ich ihr gegenüber eine Verantwortung habe, meint sie.

Das sehe ich etwas anders, daher habe ich nach langem Hin und Her beschlossen, mein Leben eben alleine zu gestalten. Ich habe ja wahrscheinlich nur dieses eine! Auf knapp zehntausend Metern Höhe mit geschlossenen Augen vor mich hin träumend, sehe ich mich bereits auf den Spuren von Hiram Bingham durch die unzugänglichen Berge Perus streifen, und nochmals die eindrucksvollen Ruinen von Machu Picchu entdecken.
"Indianer Geri auf der Suche nach dem Goldschatz der Inkas", sozusagen …

Ich muss bei diesen Gedanken wohl fröhlich gegrinst haben, denn mein Sitz-Nachbar an der Fenster-Seite des Flugzeuges, ein sonnen-gebrannter Typ mit hellblauen Augen und blonden Haaren, stupst mich an.

- Parece muy contento – comenta.

- ¿Porqué viene usted a Caracas?

Le cuento todas mis motivaciones, por qué viajo a Sudamérica, pero únicamente la de que tan solo quiero hacer unas vacaciones diferentes.

Desde Caracas continuaré a Lima en Perú.

Luego, durante cuatro semanas a Cuzco, para conocer un poco la pasada cultura Inca.

También es mi séptimo u octavo intento de, finalmente, aprender español correctamente.

Que no haya funcionado hasta ahora, no puede ser mi culpa, sino solo las circunstancias.

- Por qué precisamente español? - quiere saber él.

Buena pregunta. Bueno, el español es uno de los idiomas más importantes del mundo, y la cultura española me interesa, le digo.

"Sie sehen so zufrieden aus," stellt er fest. "Was wollen Sie denn in Caracas?"

Ich erzähle ihm von all meinen Beweggründen, warum ich nach Peru unterwegs bin, nur den Teil, dass ich eben mal einen etwas anderen Urlaub machen will. Von Caracas aus wird es weitergehen nach Lima in Peru.

Danach für vier Wochen nach Cusco, um da ein wenig in die vergangene Inka Kultur hinein zu schnuppern.

Außerdem ist es mein siebenter oder achter Versuch, endlich mal richtig Spanisch zu lernen.

Dass es bisher nicht so recht geklappt hatte, kann ja unmöglich an mir liegen, sondern eben an den Umständen.

"Warum denn gerade Spanisch?" - will er wissen.

Gute Frage. Nun ja, Spanisch wäre nun mal eine der großen Weltsprachen, und die spanische Kultur würde mich interessieren, quatsche ich ihn voll.

Y sé que los españoles de la Península Ibérica y los descendientes de los incas tienen más o menos lo mismo en común que alguien que creció en una granja de Austria (como yo) con un habitante de una gran ciudad de Alemania. Casi nada.

Solo porque hablamos un idioma remotamente parecido, no tenemos la misma cultura, y sobre todo no pronunciamos igual el idioma alemán.

Todavía me mira sonriendo, asiente comprensivamente y se identifica como un „médico sin fronteras" que, por razón que sea, trabaja voluntariamente durante un año entero en una clínica de urgencias de Caracas.

Está volviendo de una breve visita a su familia en Alemania.

Wohl wissend, dass die Spanier von der iberischen Halbinsel mit den Nachkommen der Inkas ungefähr gleich viel miteinander gemeinsam haben, wie jemand, der auf einem Bauernhof in der östlichen Steiermark aufgewachsen ist (so wie ich) und einem Großstadt-Bewohner von Deutschland. Praktisch nichts.

Nur, weil wir eine entfernt ähnliche Sprache sprechen, haben wir noch lange nicht die gleiche Kultur, und vor allem nicht die gleiche Aussprache der deutschen Sprache.

Er sieht mich noch immer lächelnd an und nickt verständnisvoll. Er gibt sich als "Arzt ohne Grenzen" zu erkennen, der - aus welchen Gründen auch immer - ein ganzes Jahr lang freiwillig in einer Notfall-Klinik in Caracas arbeitet.

Er kommt gerade von einem kurzen Heimat-Urlaub zurück.

- ¿No tiene miedo de viajar por toda América del Sur sin compañía? - pregunta, agregando que él trata sobre todo víctimas de robos y puñaladas, y que siempre hay extranjeros involucrados.

Para decirlo en pocas palabras: hasta ahora, no había perdido tiempo imaginándome los posibles peligros de mi „escape" de una vida laboral en la que solo reina la crueldad y la engañifa.

Tengo cincuenta y cuatro años, y me envidian debido a mi carrera como profesional de la informática, algunos me atacan abiertamente, y estoy en mi camino directo a la „autopista al infierno", es decir, a una crisis total.

Debe de ser la famosa „crisis de la mediana edad" de la que uno oye y lee sonriendo hasta que finalmente se apodera de ti.

No. ¡No estaba asustado de verdad! Pero ahora, después de la conversación con el querido médico, empiezo a reflexionar.

"Haben Sie denn gar keine Angst, so ganz alleine in Südamerika herum zu reisen?" - fragt er, und fügt hinzu, dass er hauptsächlich Opfer von Raubüberfällen und Messerstechereien operieren würde, und, dass da auch immer etliche Ausländer betroffen wären. Um es auf den Punkt zu bringen: Bisher hatte ich keine Zeit damit verschwendet, mir die möglichen Gefahren meiner "Flucht" aus einem Arbeitsleben vorzustellen, in dem nur mehr Rücksichtslosigkeit und Hinterhältigkeit herrschen.

Ich bin jetzt vierundfünfzig Jahre alt, werde von manchen aufgrund meiner "Karriere" als IT Profi beneidet, von manchen aber auch ganz offen angefeindet, und auf dem geraden Weg zum "highway to hell", sprich zu einer ausgewachsenen Krise. Das muss wohl die berühmt berüchtigte "midlife crisis" sein, von der man eher belustigt hört und liest, bis sie einen schließlich selbst mit Macht ereilt. Nein. Ich hatte echt keine Angst gehabt! Aber jetzt, nach dem Gespräch mit dem lieben Doktor, beginne ich doch nachzudenken.

Tengo tiempo de sobra, todavía quedan unas dos horas hasta la escala en Venezuela.

En mi vivaz imaginación aparecen escenas de mi cuerpo sangrante terminado como presa de los imponentes cóndores andinos. Estas enormes aves arrancan con avidez pedazos de mi cadáver para alimentar a sus crías.

Gracias, querido señor médico, ¡exactamente así me he imaginado de la fuga de mis frustraciones - pienso.

Pero no lo diré en voz alta. Cada cual tiene su orgullo.

Zeit habe ich ja genug, es dauert noch gute zwei Stunden bis zur Zwischenlandung in Venezuela.

Meine lebhafte Phantasie gaukelt mir schließlich Bilder vor, wie mein blutender Kadaver als Beute der imposanten Anden Kondore endet. Wie diese riesigen Vögel gierig Stücke aus meinem toten Körper reißen, um diese dann ihrem Nachwuchs zu verfüttern.

"Vielen Dank, lieber Herr Doktor. Genau der Einstieg in meinen Ausstieg aus dem Frust-Alltag, den ich mir vorgestellt habe!" - denke ich.

Laut aussprechen werde ich das allerdings nicht. Man hat ja seinen Stolz.

Aterrizaje en Lima

Después de unos minutos dando vueltas sobre miles de casitas de techos planos y de triste aspecto, finalmente hemos llegado al Aeropuerto Internacional „Jorge Chavez".

Afortunadamente, mi enorme mochila aparece pronto en la cinta transportadora de equipaje, y en la salida hay varias personas con mirada de búsqueda y carteles en sus manos.

Uno de ellos es un hombre flaco y mayor. En la cabeza lleva un elegante sombrero de Panamá, y está agitando una hoja blanca con mi nombre.

A su lado hay una mujer, más o menos de mi edad, que, como yo, lleva una mochila grande a la espalda.

Señalo a mi nombre. - Hola. Ese soy yo.

Landung in Lima

Nachdem wir minutenlang über tausende, irgendwie alle gleich triste aussehende kleine Häuschen mit Flachdächern, auf die Landebahn ein-geschwebt sind, sind wir nun also auf dem "Jorge Chavez Internacional Aeropuerto" (Flughafen) gelandet.

Mein übergroßer Rucksack taucht glücklicherweise bald auf dem Rollband für das Gepäck auf, und am Ausgang stehen mehrere Personen mit Schildern in den Händen und suchendem Blick.

Einer davon, ein spindeldürrer und älterer Mann – er hat einen eleganten Panama Hut auf dem Kopf – schwenkt ein weißes Blatt Papier, auf dem mein Name steht.

Neben ihm steht eine Frau, etwa in meinem Alter, die ebenso wie ich, einen großen Rucksack umgeschnallt hat.

Ich zeige auf sein Schild: „Hallo. Das bin ich."

El hombre me saluda con un torrente de palabras españolas, y, como puedo comprobar, habla con bastante lentitud y comprensiblemente.

Entonces mi español no es tan pobre como había pensado.

„Por supuesto" fue debido a la pronunciación descuidada de los madrileños, que apenas había entendido nada en Madrid, dónde había iniciado el vuelo.

Resulta que la mujer de la mochila es una compañera de viaje a Cuzco. Ella se presenta como „Stine" y viene del norte de Alemania. Pronuncia su nombre como „Ssssstine", lo que me parece extraño.

En la oscuridad de la noche atravesamos Lima. Estamos en un viejo Chevrolet que ha experimentado tiempos mejores.

El motor emite sonidos extraños, pero funciona. Las calles están iluminadas por linternas de un amarillo desagradable, y apenas hay otros coches además de nosotros. Sin embargo, figuras dudosas están merodeando por todas partes.

Der Mann begrüßt mich wortreich auf Spanisch, und wie ich feststelle, spricht er recht langsam und verständlich. Also ist mein Spanisch doch nicht ganz so dürftig, wie ich dachte.

Dass ich in Madrid, wo ich gestartet war, kaum etwas verstanden habe, lag "natürlich" an der schlampigen Aussprache der Madrilenen!

Die Frau mit dem Rucksack entpuppt sich als eine Mitreisende nach Cusco. Sie nennt sich „Stine" und kommt aus dem Norden von Deutschland. Sie spricht ihren Namen wie "Sssstine" aus, was ich eigenartig finde.

Wir fahren im Dunkel der Nacht durch Lima. In einem alten Chevrolet, der auch schon bessere Zeiten erlebt hat.

Der Motor macht lustige Klopf-Geräusche, aber er läuft. Die Straßen sind alle durch unangenehme gelbe Straßen-Laternen beleuchtet, und außer uns sehen wir kaum noch andere Autos. Allerdings lungern überall dubiose Gestalten herum.

Nuestro chófer, su nombre es Juan, nos muestra con orgullo su ciudad, pero al mismo tiempo advierte que hay delincuentes, según afirma, a veces roban o disparan a los automovilistas que se detienen en los semáforos en rojos.

Después de mi experiencia con el médico sin fronteras del avión, ya no excluyo nada como una mera historia de terror para turistas. ¿O, es que nuestro conductor solo necesita una excusa porque ignora las luces rojas en los cruces sistemáticamente?

Finalmente llegamos ilesos a nuestro albergue en Miraflores, donde, a pesar de la hora tardía, recibimos una calurosa bienvenida por parte de la propietaria. Se supone que aquí estamos en uno de los barrios más bonitos de Lima. Pero estoy cansado por el largo viaje, y no tengo vista para la belleza de la zona.

Unser Chauffeur, er heißt Joan, zeigt uns stolz seine Stadt, warnt aber auch gleichzeitig vor Kriminellen, die, so behauptet er, auch schon mal Autofahrer erschießen und ausrauben, die an roten Ampeln halten.

Nach meiner Erfahrung mit dem grenzenlosen Doktor im Flugzeug, schließe ich das nicht mehr als reine Schauergeschichte für Touristen aus. Oder braucht unser Joan etwa nur eine Ausrede, weil er systematisch bei Rot Kreuzungen überfährt?

Wir kommen schließlich heil an unserer Herberge in Miraflores an, wo wir, trotz der späten Stunde, freundlich von der Besitzerin empfangen werden.

Angeblich sind wir hier in einem der schönsten Stadt-Viertel von Lima. Ich bin aber hundemüde von der langen Anreise, und habe keinen Blick für die Schönheit der Umgebung.

Lima, Domingo por la mañana

Todavía no son ni las ocho y ya me despiertan. Dentro de tres horas sale el vuelo para Cusco. Juan quiere recogernos a tiempo para que no perdamos el avión.

Magaly, una sirvienta con un aspecto tan indio que ya sospecho que se viste de esa forma solamente para los extranjeros, nos sirve un desayuno interesante.

Pan, huevo frito, habas, granos de maíz de distintos colores (sí, no solo existen de color amarillo, sino también de todos los colores del arcoiris) y una infusión amarga, nos informa que se hace de hojas de coca.

Se dice que ayuda contra la enfermedad de la altura, el soroche, que pilla a muchos extranjeros en Cusco. Bueno, esperemos lo mejor.

Los granos de maíz colorados no saben distinto a los amarillos de mi país, y las habas nos llenan el estómago. Espero que no haya problemas de gases luego.

Lima, Sonntag morgen

Es ist noch nicht mal acht Uhr und ich werde schon geweckt. In drei Stunden geht der Flug nach Cusco. Juan will uns rechtzeitig abholen, damit wir den Flug nicht verpassen. Eine Hausangestellte namens Magaly, die so sehr nach "Indio" aussieht, dass ich schon mutmaße, sie würde sich nur für uns Ausländer so kleiden, serviert uns ein interessantes Frühstück.

Brot, Spiegel-Ei, dicke Bohnen, bunte Maiskörner – ja, die gibt es nicht nur in Gelb, sondern tatsächlich auch in allen Farben des Regenbogens - und einen bitteren Tee, der aus Coca-Blättern gemacht wird, wie sie uns erzählt. Angeblich wirkt der gegen die Höhenkrankheit „Soroche", welche viele der Ausländer in Cusco ereilt.

Nun, hoffen wir das Beste. Die Maiskörner schmecken bunt auch nicht anders, als die gelben aus meiner Heimat, und die dicken Bohnen füllen uns den Magen.

Hoffentlich gibt es da nicht bald diverse "Abgas-Probleme"!

Mientras esperamos al conductor en las escaleras de entrada del albergue, nos sorprenden las casas vecinas de enfrente.

Todas están rodeadas de altos muros con alambre de espina encima. Además parece que el alambre está conectado a una fuente eléctrica.

Juan, no exageraba con sus avisos sobre la tasa de crímenes en Lima.

Während wir auf den Stufen vor dem Eingang der Herberge auf unseren Fahrer warten, wundern wir uns über die Nachbarhäuser gegenüber. Die sind alle von hohen Mauern umgeben, mit Stacheldraht oben darauf.

Außerdem sieht es so aus, als ob der Stacheldraht an eine Stromquelle angeschlossen wäre.

Joan hat wohl doch nicht übertrieben, mit seinen Warnungen vor der hohen Kriminalität in Lima.

Mientras tanto en Cusco

El comisario Javier Ascue se sentó temblando en su gélida oficina cerca de la Catedral del Cuzco, en la calle Garcilaso.

Aunque el sol ya ardía implacablemente desde el cielo, las habitaciones pequeñas y oscuras de la antigua casa colonial en la que se encontraba su oficina, apenas se calentaban, y solo los ricos podían permitirse calefacción.

De ninguna manera, sin embargo, los funcionarios. Ascue estaba feliz cuando su modesto salario llegaba puntualmente cada mes.

Desde el exterior, esta casa, con sus balcones y contraventanas azules, parecía muy exótica, especialmente para los turistas que paseaban por la calle empedrada. Pero trabajar en esta casa no era nada agradable. La decoración de su oficina era tan incómoda como la temperatura.

Währenddessen in Cusco

Kommissar Javier Ascue saß fröstelnd in seinem eiskalten Büro nahe der Kathedrale von Cusco, in der Calle Garcilaso.

Obwohl die Sonne bereits gnadenlos vom Himmel brannte, erwärmten sich die kleinen und dunklen Zimmer des alten Kolonialhauses, in dem sein Büro untergebracht war, kaum, und eine Heizung konnten sich hier nur die Reichen leisten. Keinesfalls aber Staatsbedienstete. Ascue war schon froh, wenn sein bescheidenes Gehalt jeden Monat pünktlich eintraf.

Von außen betrachtet sah dieses Haus, mit den blauen Balkonen und Fensterläden, sicherlich sehr exotisch aus, besonders für die vielen Touristen, welche unten auf der gepflasterten Straße vorüber schlenderten.

Aber in diesem Haus zu arbeiten, war alles andere als angenehm. Die Einrichtung seines Büros war genau so wenig behaglich wie die Temperatur.

Un escritorio tambaleante descuidadamente pintado de marrón, además dos sillas sencillas. Una para él, el comisario y la otra para un eventual visitante.

Una estantería atestada de carpetas. En una pequeña mesa auxiliar había algunas tazas de té, una tetera maltratada y un hornillo de gas.

Javier Ascue era un hombre pequeño, muy delgado y de piel oscura, con las llamativas características faciales de los incas.

Especialmente su nariz ganchuda, que recordaba al pico de un ave de presa, dominaba su rostro por completo.

Finalmente tuvo tiempo para preparar un té inca. Este té amargo de las hojas del arbusto de coca le haría bien.

Después de todo, él vivía aquí a una altura de casi tres mil cuatrocientos metros, y el té de coca era un remedio de sus antepasados bien probado contra el fino aire de las montañas.

Ein wackeliger Schreibtisch, der sorglos mit brauner Lackfarbe gestrichen war, dazu zwei einfache Stühle. Einer für ihn, den Kommissar, und der andere für etwaige Besucher. Ein offenes Wandregal war vollgestopft mit Aktenordnern. Auf einem kleinen Beistelltischchen standen einige Tee-Tassen, ein zerbeulter Teekessel, und ein kleiner Gaskocher.

Javier Ascue war ein kleiner, sehr schlanker und dunkelhäutiger Mann, mit den typischen markanten Gesichtszügen der Inkas. Vor allem seine Haken-Nase, die an den Schnabel eines Raubvogels erinnerte, dominierte sein Gesicht vollkommen.

Er hatte endlich Zeit sich einen Inka Tee zu brauen. Dieser bittere Tee aus den Blättern des Kokastrauchs würde ihm gut tun. Schließlich lebte er hier auf einer Höhe von knapp dreitausend vierhundert Metern, und der Coca Tee war ein altbewährtes Mittel seiner Vorfahren gegen die dünne Luft in den Bergen.

No es que sufriera de mal de altura. Él había crecido aquí, pero el efecto estimulante de este té también lo hizo más activo. Al menos eso es lo que le pareció.

Mientras calentaba el agua, miró malhumorado las pilas de papeles en su escritorio. Todos eran denuncias recientes de turistas que habían sido robados o estafados aquí.

Un golpe enérgico en la puerta lo arrancó de sus pensamientos.

- ¡Adelante!

Un hombre alto, muy obeso, de cara sonrosada, ojos azul pálido bajo las casi inexistentes cejas de color carne, entró sin saludar y se planto frente a Javier Ascue. Su cabello color paja cayó suave y grasiento en su rostro.

- ¿Es usted el comisario? - gruño, y después de una pausa, añadió: - ¿Me entiende usted?

Nicht, dass er unter Höhenkrankheit gelitten hätte. Er war hier aufgewachsen, aber der belebende Effekt dieses Tees machte auch ihn aktiver. Zumindest bildete er sich das ein.

Während er Wasser erhitzte, musterte er verdrossen die Stapel von Papier auf seinem Schreibtisch. Alles aktuelle Anzeigen von Touristen, die hier schon bestohlen oder sonst wie betrogen geworden waren.

Energisches Klopfen an der Tür riss ihn aus seinen Gedanken.

„Herein!"

Ein großer, stark übergewichtiger Mann, mit einem rosigen Gesicht, blass-blauen Augen unter fast nicht vorhandenen fleischfarbenen Brauen, kam ohne zu Grüßen herein und baute sich vor Javier Ascue auf. Seine strohblonden Haare fielen ihm glatt und fettig ins Gesicht.

"Sind Sie dieser Kommissar?", blaffte er, und nach einer kurzen Pause fügte er hinzu: "Verstehen Sie mich überhaupt?"

- Sí, le entiendo, ¿qué puedo hacer por usted? - A Javier Ascue inmediatamente le disgustó el hombre, y no solo por su apariencia grosera.

- ¡Quiero denunciar que mi esposa ha desaparecido!

Ascue miró atentamente al gordo. Parecía bastante tranquilo. Demasiado tranquila quizá. No tan histérico como la mayoría de los otros que había atendido en los últimos días.

- ¿Desde cuándo?

- ¿Desde cuándo está desaparecida, quiere decir? Desde hace nueve días.

- ¿Qué, su esposa desapareció hace nueve días, y viene ahora a la policía? - Las sospechas de Ascue se despertaron de repente.

- ¿Cuándo y dónde sucedió eso? ¡Dígame! Señaló a la silla vieja.

El rubio alto se sentó torpemente.

"Ja, ich verstehe Sie. Was kann ich für Sie tun?" Javier Ascue konnte den Mann auf Anhieb nicht leiden, und das nicht nur wegen seines unhöflichen Auftretens.

"Ich möchte meine Frau als vermisst melden!"

Ascue betrachtete den dicken Kerl aufmerksam. Er schien ziemlich ruhig zu sein. Zu ruhig vielleicht. Nicht so hysterisch, wie die meisten anderen, die er in den letzten Tagen betreut hatte.

„Seit wann?"

"Seit wann sie verschwunden ist, meinen Sie? Seit neun Tagen."

"Was? Ihre Frau ist seit neun Tagen verschwunden, und erst jetzt kommen Sie zur Polizei?" Ascues Argwohn war schlagartig geweckt.

"Wann und wo ist das passiert? Erzählen Sie!" - er deutete einladend auf den alten Stuhl.

Der große Blonde setzte sich umständlich.

- Bueno - comenzó, - mi nombre es Oskar Brinkman. Doctor Oskar Brinkman. Somos de Alemania. Entonces, yo y mi esposa ... hace nueve días ella, se llama Irene, fue a ese Camino Inca, a Machu Picchu.

- Conozco este camino, ¿por qué no la acompañó? - replicó el comisario secamente.

- ¿Tengo pinta de poder hacerlo? - Brinkmann hizo una mueca como si la mera idea de caminar tanto le hiciera sentirse incómodo. - No, no – continuó, - esa era una de sus disparatadas ocurrencias.

Sin embargo, yo tenía también negocios que atender. Bueno, normalmente, solo se tarda cuatro días ... pero cuando regresé, ella todavía no había vuelto.

Javier Ascue contempló a su interlocutor con atención.

"Also", begann er, "mein Name ist Oskar Brinkmann. Doktor Oskar Brinkmann. Wir sind aus Deutschland. Also ich, und meine Frau … vor neun Tagen ist sie, sie heißt Irene … diesen Inka Wanderweg gegangen, nach Machu Picchu."

"Ich kenne diesen Trail, warum sind Sie nicht mitgegangen?" - entgegnete der Kommissar knapp.

"Sehe ich so aus als ob ich das schaffen würde?" Brinkmann verzog das Gesicht als ob ihm alleine der Gedanke daran, so lange zu Fuß zu gehen, Unbehagen bereiten würde. "Nein, nein," plauderte er weiter, "das war einer ihrer verrückten Einfälle. Aber ich hatte ja auch geschäftlich zu tun. Nun, es dauert ja normalerweise nur vier Tage um zu Fuß nach Machu Picchu zu kommen, und nachdem sie immer noch nicht hier war, als ich zurückgekommen bin …"

Javier Ascue betrachtete sein Gegenüber aufmerksam.

El hombre no podía mirarle a los ojos. - Bueno, investigaremos dónde se ha quedado su esposa, pero, dígame, ¿podría ser que …?

- ¿Que qué? - Brinkmann miró interrogante al comisario.

- Bueno, ¿es posible que se haya ido con otro hombre?

- ¡Que disparate! Aunque … - Brinkmann pareció repentinamente pensativo.

- ¡Tratándose de mujeres, nunca se sabe!

- Muy bien – dijo el comisario Ascue, - ya veremos, seguramente tendrá testigos de que estaba aquí en Cusco cuando su esposa desapareció.

- Sí, eh, no – tartamudeó Oskar Brinkmann. - Sí que tengo un testigo, pero no estaba en Cusco, sino abajo en la valle, en Urubamba, para negociar la compra de un hotel.

Der Mann konnte ihm nicht in die Augen sehen. "Also gut, wir werden nachforschen wo ihre Frau geblieben ist. Aber, sagen Sie. Könnte es vielleicht sein, dass …"

"Dass was?" Brinkmann sah den Kommissar fragend an.

"Nun ja, ist sie vielleicht mit einem anderen Mann davon?"

"So ein Unsinn. Obwohl ..." - Brinkmann sah plötzlich nachdenklich drein. "Bei den Weibern weiß man ja nie!"

"Nun gut," meinte Kommissar Ascue, "wir werden sehen. Sie haben doch sicherlich Zeugen, dass Sie hier in Cusco waren, als Ihre Frau verschwunden ist."

"Ja, äh, nein" stotterte Oskar Brinkmann, "ich habe schon einen Zeugen, aber ich war nicht in Cusco, sondern unten im Tal. In Urubamba, um Verhandlungen wegen eines Hotelkaufs zu führen."

- Sea como sea, escriba aquí su dirección, y el nombre y la dirección de su testigo. Oh, sí, ¿tiene una fotografía de su esposa?

Brinkmann puso una instantánea de su esposa sobre el escritorio. Mostraba una mujer delgada con una cara bonita. El cabello negro le caía hasta los hombros y podían verse algunas pecas sobre su nariz.

- ¡Gracias, comprobaré sus datos! - El comisario Ascue no estaba seguro, pero por un momento pensó que este hombre arrogante se había vuelto un poco más pálido.

"Wie auch immer, schreiben Sie hier Ihre Adresse auf und Name und Adresse Ihres Zeugen. Ach ja. Haben Sie ein Foto ihrer Frau?"

Brinkmann legte einen Schnappschuss seiner Frau auf den Schreibtisch. Er zeigte eine schlanke Frau mit einem recht hübschen Gesicht. Die schwarzen Haare trug sie schulterlang, und einige Sommersprossen waren auf der Nase zu sehen.

"Danke. Ich werde Ihre Angaben überprüfen!" Kommissar Ascue war sich nicht ganz sicher, aber er meinte einen Augenblick lang, dass dieser arrogante Mann ein wenig blasser im Gesicht geworden war.

Llegada a Cusco

Hasta ahora el vuelo ha sido más o menos sin incidentes. Ahora, sin embargo, estamos zigzagueando entre las altas cimas acercándonos al aeropuerto de Cusco.

Eso es bastante inquietante. También „Sss-Tine" parece impresionada. Se agarra a los apoya-brazos con ambas manos. Como si eso fuera a ayudar en caso de accidente.

Después de un aterrizaje bastante duro en el aeropuerto „Alejandro Velasco Astete", respiramos por primera vez el fino aire de la montaña a una altura de unos tres mil cuatrocientos metros. Huele bien, y ninguno de los dos tenemos problemas de respiración.

En la sala de llegadas, una banda local con trajes tradicionales está tocando melodías pegadizas con arpa, tambores y flautas. Completa la imagen que habíamos tenido de Perú, ¡nos sentimos inmediatamente bienvenidos!

Ankunft in Cusco

Der Flug ist bisher mehr oder weniger ereignislos verlaufen. Jetzt allerdings fliegen wir beim Anflug auf den Flughafen von Cusco im Zickzack zwischen hohen Berggipfeln hindurch.

Das ist ganz schön beängstigend. Auch "Sss-Tine" sieht beeindruckt aus. Sie klammert sich mit beiden Händen an den Armlehnen fest. Als ob das etwas helfen würde, im Fall der Fälle …

Nach einer recht harten Landung auf dem Flughafen "Alejandro Velasco Astete", atmen wir das erste Mal die extreme Höhenluft auf etwa dreitausend vierhundert Metern. Sie riecht gut, und wir haben beide keinerlei Probleme mit dem Atmen.

In der Ankunftshalle spielt eine einheimische Band in traditionellen Gewändern mitreißende Melodien mit Harfe, Trommeln und Pan-Flöten. Sehr stimmungsvoll, wir fühlen uns sofort willkommen!

Nuestras familias anfitrionas ya nos están esperando, y siento como la tensión nerviosa que me ha afectado desde el desafortunado encuentro con el médico de Caracas, finalmente se disuelve.

Wir werden bereits von unseren Gastfamilien erwartet, und ich fühle, dass die nervöse Anspannung, welche mich seit dem unglückseligen Treffen mit dem Doktor aus Caracas im Griff hatte, wieder löst.

Mientras tanto, en el centro de Cusco

Monika Bergmann

Consulado Honorario de la República de Alemania, Cusco

Oskar Brinkmann había nombrado a un excelente testigo. El comisario Ascue conocía a la mujer de sus clases de alemán.

La encantadora Cónsul Honoraria, Maria-Sophia Jürgens de Hermoza, dirigía una escuela de idiomas en el Consulado, y Monika Bergmann era como su mano derecha.

- Eso no puede ser cierto – suspiró. -¡Ahora no solo quieren que corra persiguiendo de carteristas, sino también que busque esposas perdidas!

Pensó febrilmente cómo podría redirigir esta denuncia a otro departamento sin exponerse a sí mismo a quedar como poco dispuesto, o aún peor, como incompetente.

Währenddessen im Zentrum von Cusco

Monika Bergmann

Honorarkonsulat der Republik Deutschland
Cusco

Oskar Brinkmann hatte eine exzellente Zeugin genannt, Kommissar Ascue kannte die Frau von seinem Deutsch-Unterricht.

Die charmante Honorar-Konsulin selbst, Maria-Sophia Jürgens de Hermoza, leitete im Konsulat eine Sprachschule, und Monika Bergmann war so etwas wie ihre rechte Hand.

"Das kann doch nicht wahr, sein," seufzte er. "Jetzt soll ich nicht nur Taschendieben nachlaufen, sondern auch noch verlorene Ehefrauen suchen!"

Er dachte fieberhaft nach, wie er diese Anzeige an eine andere Dienststelle weiterleiten könnte, ohne sich selbst als unwillig, oder noch schlechter, als unfähig bloß zu stellen.

Pero como no se le ocurrió nada, se dio por vencido. Tenía que ser así.

Mientras no estuviera claro que se trataba de un crimen, no se podía excluir la posibilidad de que esa mujer hubiera dejado deliberadamente a su marido. De todos modos tenía que investigar dónde se había quedado Doña Irene Brinkmann.

¡Esa mujer no podía haberse esfumado sin más!

Pero de alguna manera tenía que comenzar. Primero, quería confirmar la supuesta coartada que le había contado Oskar Brinkmann.

Doch nachdem ihm nichts einfiel, gab er sich geschlagen.

Es musste wohl sein. Solange es nicht mal klar war, dass es sich hier um ein Verbrechen handelte - die Möglichkeit, dass diese Frau ihren Mann absichtlich verlassen hatte, war nicht ausgeschlossen - musste er wohl oder übel nachforschen, wo Frau Irene Brinkmann geblieben war.

Die Frau konnte sich doch nicht so einfach in Luft aufgelöst haben!

Aber irgendwie musste er anfangen, und er würde sich als erstes dieses angebliche Alibi bestätigen lassen, welches ihm Oskar Brinkmann aufgetischt hatte.

Cusco. Lunes por la mañana

De camino a la escuela de idiomas „Acupari", que está en un edificio donde se encuentra también el Consulado de la República Federal de Alemania, paso primero por la plaza principal de Cusco, a la que llaman „Plaza de Armas".

No veo armas, tampoco viejos cañones ni artefactos similares, sino una bonita plantación, parecida a un parque, con una fuente decorada con figuras femeninas en el centro que, de alguna manera, me recuerda a la fuente del parque principal de la ciudad de Graz.

Tras el parque se eleva un edificio enorme, la Catedral de Santo Domingo. A la derecha la no menos impresionante Iglesia de los Jesuitas, „La Compañía de Jesús."

La historia de estas dos iglesias es realmente interesante. Ambas fueron construidas sobre los restos de antiguos templos incas.

Cusco. Montag morgen

Auf dem Weg zur Sprachschule „Acupari", in einem Gebäude, indem sich auch das Konsulat der Bundesrepublik Deutschland befindet, komme ich zuerst am Hauptplatz von Cusco vorbei, den sie hier "Plaza de Armas" nennen, also den "Waffenplatz".

Waffen sehe ich keine, auch keine alten Kanonen oder ähnlichen Kram, dafür aber eine schöne Park-ähnliche Anlage, mit einem mit weiblichen Figuren verzierten Brunnen in der Mitte, der mich irgendwie an den Stadtpark-Brunnen von Graz erinnert.

Dahinter ragt ein riesiger Bau auf, die Santo-Domingo Kathedrale. Rechts davon die nicht minder beeindruckende Kirche der Jesuiten, „La Compañía de Jesús".

Die Geschichte dieser beiden Kirchen ist tatsächlich interessant. Sie wurden beide auf den Überresten alter Inka-Tempel errichtet.

En 1571, 12 años después del comienzo de la construcción de la Catedral del Cusco, los jesuitas de Cusco decidieron construir su propia iglesia, que debería convertirse en la iglesia más impresionante de la ciudad. Pero en 1650 fue completamente destruida por un terremoto devastador.

Sin embargo, solo 18 años después, fue reconstruida. Parece que los jesuitas tenían mucho dinero.

El Obispo de Cusco pronto se dio cuenta de que la Iglesia Jesuita amenazaba con superar la belleza y grandeza de su catedral y presentó una queja al Papa Pablo III en Roma. El Papa decidió a favor del Obispo y detuvo la construcción de la Iglesia de la Compañía de Jesús.

Sin embargo, en aquella época, las comunicaciones por barco desde Sudamérica a Europa eran bastante lentas, por lo que la iglesia ya estaba finalizada, cuando las noticias sobre la paralización de la construcción llegaron a Cusco.

Im Jahr 1571 – 12 Jahre nach Baubeginn der Kathedrale von Cusco – beschlossen die Jesuiten von Cusco ihre eigene Kirche zu bauen, und sie sollte die eindrucksvollste Kirche der ganzen Stadt werden. Aber im Jahr 1650 wurde sie durch ein verheerendes Erdbeben völlig zerstört.

Doch nur 18 Jahre später wieder aufgebaut. Die Jesuiten hatten wohl Geld im Überfluss.

Der Bischof von Cusco merkte bald, dass die Jesuiten-Kirche seine Kathedrale an Schönheit und Größe zu überflügeln drohte und legte beim damaligen Papst Paul III. in Rom eine Beschwerde ein. Der Papst verlangte auf Wunsch des Bischofs einen Baustopp der Iglesia la Compañía de Jesús.

Der Informationsweg per Schiff, von Südamerika nach Europa, war damals allerdings ziemlich lange und so war die Kirche schon fertig, als die Nachricht über den Baustopp in Cusco eintraf.

Así, después de aproximadamente un siglo de construcción, había resultado ser, realmente, la iglesia más hermosa de la ciudad.

Menos mal me he dedicado abundantemente a Cusco y a Perú en general desde hace ya meses, es que ahora estoy disfrutando aún más al ver todo esto delante de mí.

El sol brilla ya a primera hora de la mañana con toda la potencia de un cielo azul acero e ilumina el impresionante escenario. Justo así me había imaginado mis vacaciones en Perú.

A esta hora temprana, en las calles hay, sobre todo, indígenas.

Muchos de ellos llevan ropa de colores, especialmente las mujeres, además de varios sombreros de fieltro, que supuestamente indican su estatus social. Muchas llevan a sus hijos pequeños en grandes pañuelos sujetos a la espalda. Todos los niños están muy calmados, casi apáticos ¿Quizá porque los van meciendo al caminar?

Nach rund einem Jahrhundert Bauzeit war somit tatsächlich die schönste Kirche der Stadt entstanden.

Gut, dass ich mich schon seit Monaten ausgiebig mit Cusco und generell mit Peru beschäftigt habe. So macht das jetzt gleich noch viel mehr Spaß, wenn ich all das wirklich vor mir sehe.

Die Sonne scheint schon frühmorgens mit voller Kraft von einem stahlblauen Himmel, und beleuchtet die eindrucksvolle Szenerie. So, und nicht anders, habe ich mir meinen Urlaub in Peru vorgestellt.

Zu dieser frühen Stunde sind vor allem Einheimische unterwegs. Viele davon in bunter Tracht, vor allem die Frauen zusätzlich mit diversen Hüten aus Filz, welche angeblich ihren sozialen Status repräsentieren.

Viele tragen am Rücken in Wickeltüchern ihre kleinen Kinder, die alle sehr ruhig sind, fast schon apathisch wirken. Vielleicht durch die Schaukelei beim Gehen?

Sobre una colina densamente arbolada se encuentra una enorme estatua de Cristo, blanca como la nieve, que, con sus brazos extendidos, protege a los habitantes de Cusco.

No me canso de mirar la exótica escena, pero mis profesores de español me están esperando.

Mientras estoy paseando por la calle Hatunrumiyoc, a lo largo de un antiguo muro Inca (restos del antiguo palacio del gobernante Inca Roca), con piedras sueltas, algunas tienen una longitud lateral de hasta un metro, en cambio otras son bastante pequeñas, todas están talladas con tanta precisión que en las junturas no habría espacio para la hoja de un cuchillo, ya puedo ver el cartel de la Embajada de Alemania al final de la calle. Realmente vale la pena ver el edificio.

Auf einem dicht bewaldeten Hügel steht eine riesige, schneeweiße Christus-Statue, die mit ihrem ausgestreckten Armen die Einwohner von Cusco beschützen soll.

Ich kann mich an dem exotischen Anblick gar nicht satt sehen, aber meine Spanischlehrer warten auf mich.

Während ich in der Calle Hatunrumiyoc an einer antiken Inka-Mauer (Reste des ehemaligen Palastes des Herrschers Inka Roca) entlang spaziere - die einzelnen Steine, manche davon mit einer Seitenlänge von bis zu einem Meter, manche wiederum ganz klein, sind tatsächlich alle so exakt behauen, das in den Fugen zwischen den Steinen nicht mal eine Messerklinge Platz hätte - kann ich bereits am Ende der Straße das Schild der deutschen Botschaft sehen. Das Gebäude ist echt sehenswert.

Una parte de la fachada está construida al estilo de una pared Inca, hay algunos balcones de madera tallada en el lado de la calle, y algunos carteles publicitarios de colores señalan todo tipo de tiendas que se encuentran también en este edificio.

Hay agentes inmobiliarios atrayendo clientes para sus propiedades, y también un operador turístico para excursiones por Cusco y alrededores.

La „Acupari Language School" se anuncia a los clientes con un llamativo letrero de madera pintada de azul y letras de color amarillo brillante.

Como ya he confirmado la reserva desde Austria por internet, pasaré exactamente aquí todos los días de las próximas cuatro semanas aprendiendo español.

Entrando por la puerta grande y abierta, me encuentro en un patio hermoso, con una arcada circular y una fuente de piedra en el centro.

Ein Teil der Front ist im Stil einer Inka-Mauer errichtet, einige geschnitzte Holz-Balkone sind an der Straßenseite angebracht, und etliche bunte Werbeschilder weisen auf alle möglichen Geschäfte hin, die sich auch in diesem Gebäude befinden.

Immobilien Händler werben um Kunden für ihre Objekte, und auch ein Touren-Anbieter für Ausflüge in und um Cusco ist dabei.

Die „Acupari Language School" wirbt mit einem auffällig blau lackierten Holzschild und knallgelben Buchstaben für Kunden.

Da ich bereits aus Österreich per Internet fix gebucht habe, werde ich also genau hier die nächsten vier Wochen jeden Tag mit dem Lernen von Spanisch verbringen.

Als ich durch das große, offene Tor trete, finde ich mich in einem schönen Innenhof wieder, mit umlaufendem Säulengang und einem Stein-Brunnen in der Mitte.

No puedo creer lo que ven mis ojos. ¿Realmente hay allí una llama comiendo hierbas?

Me mira de hito en hito masticando amigablemente, y yo le devuelvo la mirada un rato, hasta que finalmente recuerdo porqué estoy aquí.

Entonces todo ocurre rápidamente. La cónsul honoraria me saluda personalmente y me conduce a una sala grande donde otros estudiantes de todo el mundo ya están esperando.

También ha llegado Stine, y me comenta que ya le han asignado un compañero de tándem.

Así un nativo que a su vez aprende un idioma extranjero, tiene la oportunidad de poner a prueba sus conocimientos directamente con un hombre o una mujer.

¡Bien, ya estoy intrigado por saber con quién trabajaré yo!

Ich traue meinen Augen nicht. Steht da tatsächlich ein Lama, welches irgendwelche Kräuter frisst?

Es glotzt mich kauend freundlich an, und ich glotze eine Weile zurück, bis mir schließlich ein fällt, wozu ich eigentlich hier bin.

Es geht dann alles schnell. Die Honorar-Konsulin begrüßt mich persönlich, und geleitet mich in einen großen Raum, in dem schon andere Lernbegierige aus aller Welt warten.

Stine ist auch schon da, und erzählt mir, dass ihr bereits ein Tandem-Partner zugeteilt wurde.

Also ein Einheimischer, welcher seinerseits eine Fremdsprache lernt, und so die Gelegenheit bekommt, mal seine Kenntnisse direkt "am Mann, bzw. an der Frau" auszuprobieren.

Nun, da bin ich ja mal gespannt, wen ich da bekommen werde!

- ¡Acabo de ver una auténtica llama! - Tengo que contarle a alguien cuanto antes mi primer encuentro con estos típicos habitantes de los Andes.

Stine hace una mueca de disgusto. - ¿El animal de allí abajo, en el patio?

- ¿Sí …? No entiendo muy bien lo que quiere decir.

Ella me muestra algunas manchas húmedas en su chaqueta. - ¡Solo quería acariciarla, pero de pronto ese bicho me escupió de lleno! ¡Puaj, fue asqueroso! Tuve que lavar la chaqueta. La gente de aquí se divirtió mucho a mi costa.

Reprimo una sonrisa y me muestro comprensivo. No quiero hacerme impopular el primer día de clase.

"Ich habe gerade eben ein echtes Lama gesehen!" - Ich muss meine erste Begegnung mit diesen typischen Anden-Bewohnern unbedingt sofort erzählen.

Stine verzieht angewidert ihr Gesicht. "Das Biest da unten im Hof?"

"Ja ...?" Ich verstehe nicht so recht, was sie meint.

Sie zeigt mir ein paar nasse Flecken auf ihrer Jacke. "Ich wollte es nur mal streicheln, da spuckt mich dieses Vieh doch voll an! Boah, war das ekelig! Ich musste mir die Jacke abwaschen. Die Leute hier hatten viel Spaß mit mir."

Ich verbeiße mir ein Grinsen und gebe den Verständnisvollen. Man will sich ja nicht bereits am ersten Schultag unbeliebt machen.Ich verbeiße mir ein Grinsen und gebe den Verständnisvollen. Man will sich ja nicht bereits am ersten Schultag unbeliebt machen.

Javier Ascue se encuentra con su compañero tándem

El comisario Ascue entró por la puerta del consulado y llegó al patio del cuidadosamente renovado edificio.

Como cada vez que venía, fue a la fuente y cogió un manojo de hierbas para la llama.

- Hola Pedro, ¿tienes que estar por aquí otra vez de atracción para los turistas?

Pedro aceptó agradecido el sabroso bocado y examinó con curiosidad al comisario.

Después de este „ritual de saludo", no tenía inconveniente en que lo acariciaran un poquito.

El comisario sentía ya curiosidad. Hoy habían llegado algunos nuevos estudiantes de español, y una vez más le habían prometido un compañero con que podría mejorar aún más sus ya buenos conocimientos de alemán.

Javier Ascue trifft seinen Tandem-Partner

Kommissar Ascue trat durch das Tor des Konsulats und kam in den Innenhof des aufwendig renovierten Gebäudes. Wie bei jedem Besuch hier, ging er zum Brunnen und schnappte sich ein Bündel Kräuter für das Lama. "Hi, Pedro. Musst du wieder als Attraktion für die Touristen hier herum stehen?"

Pedro nahm den Leckerbissen dankbar an, und musterte den Kommissar neugierig.

Nach diesem Begrüßungsritual hatte es auch nichts dagegen, wenn es ein wenig gestreichelt wurde.

Der Kommissar war schon neugierig. Heute waren einige neue Spanisch-Schüler eingetroffen, und man hatte ihm wieder einen Partner versprochen, mit dem er seine inzwischen doch schon guten Deutsch-Kenntnisse weiter verbessern konnte.

Subió apresuradamente la amplia escalera de madera hasta el primer piso.

La sala de recepción con las enormes ventanas al patio estaba ya bastante llena.

Ascue observó largamente a los nuevos estudiantes. Solo le habían dicho que le habían asignado un hombre ya un poco mayor.

Solo un hombre respondía a esa descripción. Era un poco más alto que él, tenía cabello castaño y ojos oscuros. Su boca estaba casi completamente cubierta por un grueso bigote.

Llevaba una chaqueta verde con forro, pero sin embargo era evidente que tenía frío. No era extraño, hacía un frío terrible en la casa.

Alejandro, un profesor a quien conocía desde hacía mucho tiempo, tomó al hombre del brazo y ambos se plantaron frente a él.

- Javier, que bien que ya estés aquí. Permíteme que te presente a tu nuevo compañero. Este es Geri Mondvogel de Austria, espero que os llevéis bien.

Er eilte die breite Holztreppe hinauf in den ersten Stock, wo sich die Sprachschule befand.

Das Empfangszimmer mit den riesigen Fenstern zum Innenhof war schon ziemlich voll.

Ascue betrachtete die neuen Schüler ausgiebig. Man hatte ihm nur gesagt, dass es ein schon etwas älterer Mann wäre, der ihm zugeteilt worden war. Diese Beschreibung traf nur auf einen Mann zu. Der war etwas größer als er selbst, hatte braune Haare, und dunkle Augen. Sein Mund wurde durch einen dichten Schnauzbart beinahe vollständig verdeckt. Er hatte eine grüne gefütterte Jacke an, fror aber trotzdem sichtlich. Kein Wunder, es war hier bitter kalt. Ein Lehrer mit Namen Alesandro, den er schon lange persönlich kannte, nahm den Mann am Arm und beide bauten sich vor ihm auf.

"Javier! Gut, dass du schon hier bist! Darf ich dir deinen neuen Partner vorstellen? Das ist Geri Mondvogel aus Österreich. Ich hoffe ihr kommt gut miteinander zurecht."

*

El comisario Ascue se había dado cuenta con alivio de que podía entender el alemán de „Gerardo", como ya llamaba al austríaco, y también su español era bastante comprensible.

Habían acordado encontrarse en la plaza mayor por la noche.

Pero ahora era tiempo de pensar de nuevo en el trabajo.

Se puso en camino hacia la oficina de Monika Bergmann.

- ¡Javier, que placer volver a verte! - La joven de aspecto frágil y cabello largo castaño claro, le sonrió tímidamente. - ¿Vamos a un bar?

!Aquí hace tanto frío! Por supuesto, invito yo, aunque …

- ¿Aunque qué? - preguntó Ascue sorprendido.

- Oh, nada. Me robaron la cartera. Bueno fue culpa mía. ¡De todos modos no había mucho dinero dentro!

*

Kommissar Ascue hatte mit Erleichterung festgestellt, dass er das Deutsch von "Gerardo", wie er den Österreicher bereits nannte, durchaus verstehen konnte, und auch dessen Spanisch war so einigermaßen verständlich. Sie hatten sich für den Abend dem Hauptplatz miteinander verabredet. Nun aber war es Zeit, wieder an die Arbeit zu denken. Er machte sich auf den Weg zu Monika Bergmanns Büro.

"Javier, das ist aber schön dich wiederzusehen!" Die so zerbrechlich wirkende junge Frau mit den langen hellbraunen Haaren lächelte ihn scheu an. "Gehen wir zusammen in eine Bar? Hier ist es so kalt! Du bist natürlich eingeladen, obwohl …"

"Obwohl was?" fragte Ascue erstaunt.

"Ach nichts ... man hat mir meine Brieftasche gestohlen, nun ja, selbst schuld. War ja eh kaum Geld drinnen!"

En el bar

Mientras tomaban té con tarta dulce, Monika Bergmann confirmó que había acompañado a Oskar Brinkmann como intérprete.

Siempre habrían estado juntos y habrían regresado a Cusco dos días antes.

Javier Ascue estudió su cara con atención. Allí estaba otra vez ese parpadeo nervioso en sus ojos. Sobre todo, le parecía bastante inquieta. Incluso entonces, cuando la conoció, ya había sospechado que ella quizás podría tener un problema de drogas.

Bueno, ese no era asunto suyo. Le dio las gracias por el refrigerio y se dirigió a la Plaza.

Allí, en el centro de Cusco, sus antepasados habían demostrado antaño su ilimitado poder.

Sin embargo allí, Túpac Amaru, el último soberano Inca, fue decapitado en 1572 por orden del virrey español Francisco de Toledo.

Sus últimas palabras habían sido:

In der Bar

Beim gemeinsamen Tee, mit süßem Kuchen, bestätigte Monika Bergmann, dass sie Oskar Brinkmann als Dolmetscher begleitet hatte. Sie wären immer zusammen gewesen und erst vor zwei Tagen nach Cusco zurückgekehrt.

Javier Ascue sah ihr prüfend ins Gesicht. Da war wieder dieses nervöse Flackern in ihren Augen. Überhaupt kam sie ihm ziemlich unruhig vor. Er hatte schon damals, als er sie kennen gelernt hatte, den Verdacht gehabt, dass sie vielleicht ein Drogenproblem haben könnte. Nun, das war nicht sein Aufgabenbereich, er bedankte sich für den Imbiss und schlenderte zum Hauptplatz.

Dort, im Zentrum von Cusco, hatten seine Vorfahren früher ihre grenzenlose Macht demonstriert. Dort war aber auch Túpac Amaru, der letzte Inkaherrscher, im Jahr 1572 auf Befehl des spanischen Vizekönigs Francisco de Toledo enthauptet worden.

Seine letzten Worte waren gewesen:

- „Ccollanan Pachacamac ricuy auccacunac yahuarniy hichascancuta." (Madre tierra, eres testigo de que mis enemigos derraman mi sangre.)

„Huacaypata" era el antiguo nombre en quechua de este lugar histórico, el „Lugar de los Guerreros".

„Ccollanan Pachacamac ricuy auccacunac yahuarniy hichascancuta." (Mutter Erde bezeuge, wie meine Feinde mein Blut vergießen.)

„Huacaypata" war der alte Quetschua Name für diesen geschichtsträchtigen Platz, der "Platz der Krieger".

La cartera de Monika

El comisario Ascue quería aprovechar la ocasión y comprar una bufanda de auténtica lana de alpaca para el inminente cumpleaños de su madre.

Bien es verdad que, normalmente, hubiera estado encima de sus posibilidades. Pero una vez le había hecho un gran favor a la dueña de una tienda de productos de alpaca, que estaba justo en la plaza mayor.

Desde entonces allí le hacían un precio especial.

La campanilla de la puerta de entrada del Portal de Comercio anunció su visita.

Tras la caja registradora, la mujer, ya algo mayor pero muy arreglada, miraba complacida al comisario con sus ojos oscuros.

Su espeso cabello negro, apenas entrecano, le caía hasta más allá de la mitad de la espalda.

- ¡Hola Javier! ¡Cuanto tiempo sin verte!

Monikas Brieftasche

Kommissar Ascue wollte die Gelegenheit nutzen, und für den bevorstehenden Geburtstag seiner Mutter einen Schal aus echter Alpaka-Wolle kaufen. Das hätte zwar normalerweise seine Mittel über Gebühr beansprucht, aber er hatte der Besitzerin eines Ladens für Alpaka Produkte, der sich direkt an der Plaza befand, einmal einen großen Gefallen getan. Seitdem hatte er dort einen Spezial-Preis für alle Waren.

Die Glocke an der Eingangstür beim Portal de Comercio kündigte seinen Besuch an. Die schon etwas ältere, aber sehr gepflegte Frau hinter der Kasse, sah den Kommissar aus ihren dunklen Augen erfreut an. Ihr dichtes schwarzes Haar, in dem man nur vereinzelt graue Strähnen sehen konnte, fiel ihr fast bis auf ihre ausladenden Hüften herab.

„Hallo Javier. Lange nicht gesehen!"

- Suyana, ¿cómo estás? - Javier sonrió ampliamente. - ¡Mucho tiempo, sí, pero cada vez estás más joven!

Suyana Chavez, halgada, acomodó un mechón de pelo detrás de su oreja. - ¿Qué puedo hacer por ti, Casanova?

Javier Ascue le explicó lo que quería e inmediatamente se dirigió a la estantería donde se encontraban varios pañuelos de lana.

Eligió uno de un delicado color beige, como le gustaba a su madre.

Pagó y se disponía a abandonar la tienda cuando Suyana lo llamó.

- ¡Javier! Espera, ¿sigues con esa alemana? Se llama Mónica , creo.

Ascue frunció el ceño. - ¿Monika Bergmann? Nunca he salido con ella. ¿Por qué?

- Oh, nada especial, solo que comprando algo la semana pasada, olvidó su cartera aquí.

"Suyana! Wie geht´s?" Javier grinste breit. "Es mag ja lange her sein, aber du wirst immer jünger!"

Suyana Chavez strich sich geschmeichelt eine Haarsträhne hinter ihr Ohr. "Was kann ich für dich tun, du Casanova?"

Javier Ascue erläuterte sein Anliegen und wandte sich sogleich dem Regal zu, wo sich diverse Wollschals befanden.

Er wählte einen zart beige farbigen, wie ihn seine Mutter bevorzugte.

Er bezahlte und wollte bereits den Laden verlassen, als ihn Suyana zurück rief.

"Javier! Warte! Bist du noch mit dieser Deutschen zusammen? Monika heißt die, glaube ich."

Ascue runzelte die Stirn. "Monika Bergmann? Ich war nie mit der zusammen! Warum?"

"Ach nichts besonderes. Sie hat nur ihre Brieftasche hier vergessen, als sie letzte Woche hier eingekauft hat.

- Todavía no ha venido a buscarla y no tengo ni idea de cómo puedo ponerme en contacto con ella.

- La semana pasada, ¿cuándo exactamente?

- Fue el martes pasado, creo … sí, el martes. Le entregó la cartera al comisario.

Ascue la tomó con la promesa de devolverla personalmente a la dueña.

De vuelta a la plaza, murmuraba abatido:
- Mónica, me dijiste que estabas en Urubamba la semana pasada, ¡ahora tienes mucho que explicarme!

Sie hat sie immer noch nicht abgeholt, und ich habe ja keine Ahnung, wie ich sie erreichen kann."

"Letzte Woche? Wann denn genau?"

"Das war vorigen Dienstag, glaube ich ... ja, am Dienstag!" Sie reichte dem Kommissar die Geldbörse.

Ascue nahm sie mit dem Versprechen, sie der Eigentümerin persönlich zurück zu geben.

Als er wieder auf der Plaza stand, murmelte er bedrückt: "Monika, du hast doch behauptet, dass du letzte Woche in Urubamba warst. Da hast du mir jetzt aber so einiges zu erklären!"

Oskar Brinkmann se convierte en sospechoso

Monika Bergmann se mordía las uñas y no sabía, obviamente, a dónde mirar.

En la oficina del comisario Ascue hacía bastante frío otra vez.

- ¡Entonces usted Señora Bergmann, admite que en efecto, la semana pasada estuvo de compras en Cusco.

- Está bien. Sí, estuve en Cusco por poco tiempo, ¡pero luego volví a Urubamba en el siguiente autobús! - respondió Monika Bergmann.

- ¿Por qué me lo dice ahora?

- Solo quería hacerle un favor a Oskar, después de todo somos amigos, ¡pero seguro que no tiene nada que ver con la desaparición de su esposa!

Oskar Brinkmann macht sich verdächtig

Monika Bergmann biss an ihren Fingernägeln herum und wusste offensichtlich nicht, wohin sie schauen sollte. Im Büro von Kommissar Ascue war es wieder recht kalt, daher hatte sie dankbar die heiße Tasse Tee angenommen, die ihr Javier Ascue angeboten hatte.

"Sie geben also zu, Frau Bergmann, dass sie letzte Woche tatsächlich in Cusco waren, um einzukaufen!" - stellte der Kommissar fest.

"Also gut. Ja. Ich war da mal kurz in Cusco. Aber danach bin ich mit dem nächsten Bus wieder runter nach Urubamba gefahren!" - entgegnete Monika Bergmann.

"Warum sagen Sie das erst jetzt?"

"Ich wollte Oskar eben einen Gefallen tun. Wir sind ja schließlich befreundet! Aber er hat sicher nichts mit dem Verschwinden seine Frau zu tun!"

- Aja ¿no tiene nada que ver? ¿Y hasta dónde llega su amistad? - quiso saber el comisario.

- ¡No creo que eso le importe a nadie excepto a mí!

Aparentemente la disposición de Monika Bergmann para contestar se había agotado. Tampoco Oskar Brinkmann parecía estar dispuesto a hablar mucho. Miró al comisario con aspecto desafiante y los labios apretados.

Con ambas manos enterradas en los bolsillos de su chaqueta caminaba arriba y abajo frente al escritorio del comisario.

Javier Ascue lo miró impasible. El hecho de que el hombre le gruñera como un toro furioso solo demostraba que tenía mucho que esconder.

- ¿Qué dice ahora, doctor Brinkmann? ¿Todavía quiere mantener que estuvo todo el tiempo en Urubamba mientras su esposa estaba de camino a Machu Picchu?

"So so. Hat er nicht? Und wie weit geht eigentlich diese Freundschaft?" - wollte der Kommissar wissen.

"Ich denke nicht, dass das jemanden außer mir etwas angeht!" Monika Bergmanns Mitteilungsbedürfnis war anscheinend befriedigt, sie sah nur mehr finster drein.

Auch Oskar Brinkmann hatte anscheinend beschlossen nicht mehr viel zu sagen. Er sah dem Kommissar mit trotzig vorgeschobener Unterlippe an. Mit beiden Händen in den Taschen seiner Jacke vergraben, marschierte er vor dem Schreibtisch des Kommissars auf und ab.

Javier Ascue sah ihn ungerührt an. Dass ihn der Mann an-schnaubte wie ein gereizter Stier, bewies nur, dass er so einiges zu verbergen hatte. "Was sagen sie nun, Herr Doktor? Wollen sie immer noch behaupten, dass sie die ganze Zeit in Urubamba waren, während ihre Frau auf dem Weg nach Machu Picchu war?"

- Sí, eso es lo que quiero, porque es la verdad

- bramó Oskar Brinkmann.

- ¿Es eso así? - replicó Ascue. - ¡Como mínimo no tiene coartada, como había afirmado!

- No me di cuenta de que ella – señaló a su acompañante, - no estuvo en Urubamba todo el tiempo. Siempre hay conversaciones confidenciales entre socios. Entre hombres, ¿entiende usted? Oskar Brinkmann intentó una sonrisa cómplice. - Puede ser que entretanto ella estuviera de compras en Cusco. Así son las mujeres. ¡Siempre gastando dinero!

Monika Bergmann intentó decir algo, pero Oskar Brinkmann la hizo callar con una mirada fúnebre. - Solo … para traducir ante las autoridades competentes. ¡Todos mis socios hablan inglés! - continuó Brinkmann.

"Ja, das will ich. Weil es nämlich wahr ist," polterte Oskar Brinkmann.

"Ist das so?" - entgegnete Ascue. "Zumindest haben Sie kein Alibi, wie Sie behauptet haben!"

"Ich habe doch gar nicht bemerkt, dass sie" - er zeigte auf seine Begleiterin, "nicht immer in Urubamba war. Da gibt es ja auch immer sehr vertrauliche Gespräche unter Geschäftspartnern. Unter Männern, verstehen Sie?" Oskar Brinkmann versuchte ein verschwörerisches Grinsen. "Kann schon sein, dass sie in der Zeit auch in Cusco einkaufen war. So sind sie halt, die Frauen. Immer nur am Geld ausgeben.

Monika Bergmann versuchte einen Einwand, aber ein finsterer Blick von Oskar Brinkmann brachte sie zum Schweigen.

"Ich habe sie ja nur zum Übersetzen bei den zuständigen Behörden gebraucht. Meine Geschäftspartner können alle Englisch!" - setzte Brinkmann fort.

- ¿Entonces pretende que no se había dado cuenta de que Mónica, entretanto, se había ido?

- ¡Claro, carallo! ¡Así es! - Oskar Brinkmann se había tanto enfurecido, que había caído en su dialecto bávaro.

- Me doy cuenta de que usted y su acompañante no han dicho la verdad. Eso está claro. Me quedo con su pasaporte, doctor Brinkmann, y hasta que no hayamos encontrado a su esposa, ¡no lo recuperará!

Oskar Brinkmann miró enfurecido al comisario. - ¿Puedo irme?

- ¡Sí, puede irse! - respondió Ascue, y hablando en voz baja dijo hábilmente a Monika Bergmann: - Y tú, cuenta con una denuncia por falso testimonio. Lo siento, pero ...

"Sie wollen also nicht bemerkt haben, dass Monika zwischendurch weg war?

"Zefix no a mol. Wann i´s do sog!"

Oskar Brinkmann hatte sich mittlerweile so in Rage geredet, dass er in seine bayrische Mundart verfallen war.

"Ich stelle fest, dass Sie und Ihre Begleiterin nicht die Wahrheit gesagt haben. Das steht eindeutig fest. Ich nehme Ihnen, Herr Doktor Brinkmann, hiermit ihren Reisepass ab, und solange wir Ihre Frau nicht gefunden haben, bekommen Sie den auch nicht wieder!"

Oskar Brinkmann glotzte den Kommissar wütend an. "Kann ich gehen?"

"Ja, das können Sie!" - entgegnete Ascue, und leise an Monika Bergmann gewandt sagte er: "Und du musst mit einer Anzeige wegen Falschaussage rechnen! Tut mir leid, aber …"

Cuando estuvo otra vez solo en su oficina, Ascue reflexionó sobre lo que tenía hasta ahora.

Un alemán arrogante cuya esposa acababa de desaparecer, y que no decía la verdad. Además un testigo, que también mentía. ¿Por que?

Solo podía adivinar que Oskar Brinkmann tenía una aventura con Monika Bergmann, ¿y realmente por eso había intentado Mónica testificar a su favor?

Era muy poco. Al menos no lo suficiente para retener el pasaporte de Brinkmann por mucho tiempo. Y ciertamente no era suficiente para dar la alarma a la Policía Nacional…

Decidió investigar dónde supuestamente había desaparecido. Directamente en Machu Picchu.

Nachdem er wieder alleine in seinem Büro war, ließ sich Ascue durch den Kopf gehen, was er bisher hatte.

Einen arroganten Deutschen, dessen Frau einfach so verschwunden war, und der nicht die Wahrheit sagte. Dazu eine Zeugin, die ebenfalls log. Warum?

Er konnte nur raten, dass Oskar Brinkmann eine Affäre mit Monika Bergmann hatte, und Monika wirklich deshalb versucht hatte für ihn auszusagen?

Das war alles etwas dünn. Zumindest nichts, um Brinkmanns Reisepass tatsächlich für längere Zeit einzubehalten. Und schon gar nichts, um bei der Policía nacional Alarm zu schlagen.

Er beschloss dort nachzuforschen, wo sie angeblich verschwunden war. Direkt in Machu Picchu.

En Machu Picchu

Para cuando el tren – azul brillante – número 1524 de Perú Rail, chirriando y traqueteando, llegó a Aguas Calientes, Javier Ascue había interrogado ya a la tripulación y les había mostrado el pasaporte de Oskar Brinkmann, en cuya foto estaba bastante reconocible.

Pero nadie podía recordarlo. En cambio una cosa era segura.

En Cusco había encontrado un operador turístico, donde le habían confirmado que una tal Irene Brinkmann había hecho la excursión a Machu Picchu con ellos.

Todos habían llegado allí sanos y salvos, pero el grupo de senderismo se había perdido de vista.

Algunos de ellos querían volver enseguida a Cusco en tren, en cambio otros querían pasar algún tiempo en el punto de destino de la excursión.

In Machu Picchu

Als der knallblaue Zug 1524 von Peru Rail quietschend und scheppernd in Aguas Calientes einfuhr, hatte Javier Ascue bereits das Zugpersonal befragt, hatte ihnen den Reisepass von Oskar Brinkmann gezeigt, auf dessen Foto der recht gut zu erkennen war.

Doch niemand konnte sich an ihn erinnern. Eines stand dagegen fest.

Er hatte in Cusco einen Touren Veranstalter gefunden, wo sie ihm bestätigt hatten, dass eine Irene Brinkmann mit ihnen zusammen die Wandertour nach Machu Picchu gemacht hatte.

Sie waren dort alle unversehrt angekommen, aber danach hatte sich die Wandergruppe aus den Augen verloren.

Manche von denen wollten sofort wieder per Zug zurück nach Cusco, andere hingegen noch einige Zeit am Wanderziel verbringen.

Pero esto ya no era responsabilidad del operador turístico.

El comisario había disfrutado el viaje en el tren. La mayor parte del tiempo, el tren había pasado a lo largo de las orillas del Río Urubamba, que salvajemente espumoso rodaba por su estrecho cauce.

El sol ya estaba en el cielo cuando llegaron a „Machu Picchu Pueblo", como los lugareños llamaban a la pequeña ciudad de Aguas Calientes.

Desde aquí, varios autobuses subían diariamente a la ciudad de los Incas hace mucho tiempo desaparecida: Machu Picchu.

Los habitantes se ganaban la vida casi exclusivamente de los numerosos visitantes de todo el mundo.

Innumerables restaurantes, pequeños y grandes, y simples puestos de comida de bocadillos bordeaban las pocas calles.

Das war aber nicht mehr in der Verantwortung des Touren-Veranstalters gelegen.

Der Kommissar hatte die Fahrt mit dem Zug genossen.

Meist waren sie am Ufer des Rio Urubamba entlang gefahren, der sich wild brausend durch sein enges Flussbett wälzte.

Die Sonne stand hoch am Himmel, als sie "Machu Picchu Pueblo", wie sie hier die kleine Stadt Aguas Calientes nannten, erreichten.

Von hier aus fuhren täglich mehrmals Busse hoch zu der lange verschollenen Stadt der Inkas - Machu Picchu.

Die Einwohner lebten hier fast ausschließlich von den zahlreichen Besuchern aus aller Welt. Unzählige kleinere und größere Restaurants und einfache Imbiss-Stände säumten die wenigen Straßen.

Además, había muchas tiendas de recuerdos que vendían algunas cosas increíblemente cursis a la multitud de turistas que irrumpían aquí todos los días, como hormigas sobre azúcar derramado.

Docenas de carteles apuntaban a posibles alojamientos. Aparte de eso había baños termales, que frecuentaban también los lugareños y así gastaban dinero.

Ascue se dirigió inmediatamente a la pequeña estación de policía del pueblo, donde encontró a un diligente joven compañero, llamado Ramón Guerrero, quien,en el coche patrulla, lo subió sin más por la carretera que serpenteaba hacía Machu Picchu.

Arriba en las ruinas, el acceso de los turistas a la subida a Huayna Picchu, que se eleva abruptamente al borde de las imponentes ruinas de la ciudad, está estrictamente limitado.

El camino fangoso es estrecho y en la cima hay relativamente poco espacio.

Dazu gab es jede Menge Souvenir-Geschäfte, mit zum Teil unglaublich kitschigem Kram für die Schar der Touristen, die tagtäglich hier einfielen, wie Ameisen auf verschüttetem Zucker.

Dutzende Schilder wiesen auf Übernachtungsmöglichkeiten hin. Abgesehen davon gab es noch die "Baños termales" (Thermalbäder), in denen auch viele Einheimische verkehrten und so Geld ausgaben. Er wandte sich sogleich zum kleinen Polizeirevier des Ortes, wo er einen eifrigen jungen Kollegen namens Ramón Guerrero fand, der ihn ohne weiteres mit dem Streifenwagen der Polizei die Serpentinenstraße hoch nach Machu Picchu beförderte.

Der Zugang für Touristen für den Aufstieg zum Huayna Picchu, welcher am Rande der imposanten Ruinenstadt steil aufragt, ist streng limitiert. Der meist schlammige Weg hinauf ist schmal und oben am Gipfel ist relativ wenig Platz.

Cualquiera que quiera subir tiene que identificarse en una puerta de control, y se registra con la hora exacta.

El vigilante de la puerta era un tipo rudo de alrededor de un metro ochenta, con una cara hinchada que delataba una pronunciada inclinación a las bebidas alcohólicas.

Según una pequeña placa que llevaba prendida en su camisa, se llamaba „Ademir", que significa „protector noble".

- Como llamarle huevo a una castaña - pensó el comisario.

Ademir estuvo dispuesto a revisar en su lista las fechas solicitadas, una vez que Ramón Guerrero le recordó quién estaba a cargo.

Ningún „Oskar Brinkmann" había estado nunca aquí, en cambio encontró rápidamente a „Irene Brinkmann".

Ella había subido a la montaña exactamente a las once y veintitrés de la mañana. Se había registrado con su pasaporte.

Jeder, der da hinauf will, muss sich bei einem Kontroll-Tor ausweisen und wird genau mit Uhrzeit registriert. Genauso, wann jeder wieder runter kommt.

Der "Torwächter" war ein unhöflicher Kerl von etwa ein Meter achtzig, mit einem aufgedunsenen Gesicht, welches eine ausgeprägte Neigung für alkoholische Getränke verriet. Laut einem kleinen Schild, welches auf seinem Hemd befestigt war, hieß er "Ademir", was so viel wie "edler Beschützer" bedeutete.

„Das passte ja wie die Faust auf´s Auge", dachte der Kommissar.

Ademir erklärte sich erst dazu bereit seine Liste an den angegebenen Tagen zu überprüfen, als ihn Ramón Guerrero daran erinnerte, wer hier das Sagen hatte. Ein "Oskar Brinkmann" war niemals hier gewesen, "Irene Brinkmann" dagegen war schnell gefunden. Sie war exakt um elf Uhr dreiundzwanzig Vormittags auf den Berg gestiegen. Ausgewiesen hatte sie sich mit ihrem Reisepass.

- ¡Muy bien! - dijo Javier Ascue satisfecho. - Esto al menos probaba que la mujer realmente había estado en esta montaña. Bien, que tenga un buen día, bueno, antes de que se me olvide … ¿Cuando bajó?

El Sr. Ademir abrió su libro de nuevo y se puso pálido. - Sí, hum, bueno … ¡Eso no es tan fácil!

- ¿Cómo que no es tan fácil? - le bufó Ramón Guerrero. - ¡Dámelo!

El joven policía, que tenía un parecido fatal con un conocido actor peruano, que interpretaba principalmente a proxenetas y otras personajes de dudosa reputación, frunció el ceño e inspiró profundamente.

- ¿Por qué falta aquí el apunte? ¿Cuándo volvió de la montaña?

Ademir se retorció desesperadamente las manos y tartamudeó que esto podía ocurrir de vez en cuando, que él y su compañero eran solo seres humanos, e incluso también tenían que orinar a veces, y otros argumentos concluyentes similares.

"Sehr gut!" - meinte Javier Ascue zufrieden. Damit war zumindest bewiesen, dass die Frau tatsächlich auf diesem Berg gewesen war. "Also dann, noch einen schönen Tag. Ach ja, bevor ich es vergesse ... Wann ist sie denn wieder herunter gekommen?"

Herr Ademir klappte sein Buch wieder auf und erblasste. "Ja, hmm, also ... das ist nicht so einfach!"

"Was soll daran schwierig sein?" - fauchte ihn Ramón Guerrero an. "Gib her!" Der junge Polizist, der eine fatale Ähnlichkeit mit einem bekannten peruanischen Schauspieler hatte, welcher vor allem fiese Zuhälter und andere zwielichtige Gestalten spielte, runzelte die Stirn und holte tief Luft. "Warum fehlt hier der Eintrag? Wann ist sie zurück gekommen vom Berg?"

Ademir rang verzweifelt seine Hände und stotterte, dass das schon einmal passieren könne, dass er und sein Kollege auch nur Menschen wären, auch mal pinkeln müssten, und dergleichen schlüssige Argumente mehr.

- Pero si la mujer hubiera tenido un accidente en la montaña, ya la habrían encontrado hace tiempo y la habrían llevado al hospital – dijo Ramón Guerrero. La última vez que tuvimos que rescatar a alguien fue hace unos meses. Una japonesita. ¡De hecho, ella había estado caminando por la montaña con tacones altos!

El comisario Ascue miró fijamente al vigilante. Seguramente eso estaba estrictamente prohibido también.

¡Subir aquí con tacones altos! Echó la cabeza hacía atrás y miró la enorme roca que se alzaba abruptamente ante ellos.

Apenas podía dominar un ataque de rabia. Pero dejó al joven policía que regañase al buen Señor Ademir, mientras contemplaba las imponentes ruinas de la antigua ciudad Inca.

„Aber wenn die Frau auf dem Berg einen Unfall gehabt hätte, wäre sie inzwischen längst gefunden und abtransportiert worden", meinte Ramón Guerrero. "Das letzte Mal, als wir jemanden retten mussten, das war vor einigen Monaten. Eine kleine Japanerin. Die ist doch tatsächlich mit Stöckelschuhen auf dem Berg unterwegs gewesen! Sie hat sich den Knöchel verstaucht, und man hat sie herunter tragen müssen."

Kommissar Ascue warf einen scharfen Blick auf den Posten. Das war doch sicherlich auch streng verboten. Da hinauf mit Stöckelschuhen! Er legte seinen Kopf in den Nacken und betrachtete den mächtigen Felsklotz, der vor ihnen steil aufragte. Er konnte einen Wutanfall nur knapp niederkämpfen. Doch er überließ es dem jungen Polizisten dem guten Herrn Ademir deutlich die Meinung zu geigen, während er sich die imposanten Ruinen der alten Inkastadt ansah.

Podía sentir claramente la energía que esta ciudad aún irradiaba, y si se concentraba completamente, también podía percibir los olores y los sonidos que una vez habían dado vida a este lugar.

Veía literalmente a los sacerdotes y las jóvenes, con sus magníficas túnicas, a los campesinos, cómo cultivaban las terrazas para alimentar a la población.

- ¿Comisario?

- Sí, ¡qué ocurre? Ascue tenía dificultades para regresar al aquí y ahora.

- ¿Volvemos abajo?

- Sí, sí ¡vamos!

Die Energie, welche diese Anlage noch immer verströmte, konnte er deutlich spüren, und wenn er sich ganz konzentrierte, auch die Gerüche und Geräusche wahrnehmen, welche diesen Ort hier einst lebendig gemacht hatten. Er konnte förmlich die Priester und jungen Frauen sehen, in ihren prächtigen Gewändern, die Bauern, wie sie die Terrassen bewirtschafteten, um die Bevölkerung hier zu ernähren ...

„Kommissar?"

"Ja? Was ist?" Ascue konnte sich nur schwer wieder in das Hier und Jetzt finden.

"Fahren wir jetzt wieder runter?"

"Ja klar. Fahren wir!"

Con el chamán

Al día siguiente, de vuelta en Cusco, el comisario Ascue se tomó un pequeño descanso.

Tenía que calmar sus pensamientos para ver cómo quería seguir adelante en este caso.

Así se decidió dar un pequeño paseo por las ruinas de Sacsayhuamán.

El nombre Quetschua significa algo así como „halcón saciado", pero algunos creen, sin embargo, que significa „águila grande".

A Ascue le daba igual. Él prefería, en cualquier caso, el término „sexy women". Eso era, más o menos, lo que salía cuando los americanos intentaban pronunciar el nombre de la fortaleza.

Los imponentes muros de la típica construcción incaica se extienden -no muy lejos de Cusco, más arriba- en varias terrazas superpuestas a lo largo de algunos cientos de metros.

Beim Schamanen

Am nächsten Tag, zurück in Cusco, nahm sich Kommissar Ascue erst mal eine kleine Auszeit. Er musste Ruhe in seine Gedanken bekommen, um zu erkennen wie er in diesem Fall weiter kommen wollte.

Also beschloss er eine kleine Wanderung zur Ruine von Sacsayhuamán zu machen.

Der Quetschua Name heißt soviel wie "gesättigter Falke", manche meinen aber, dass es "großer Adler" bedeutet. Ascue war es egal, er bevorzugte sowieso den Ausdruck "Sexy Women". Das kam in etwa heraus, wenn Amerikaner versuchten den Namen der Festung auszusprechen.

Die imposanten Mauern in der typischen Inka-Bauweise, erstrecken sich nicht weit oberhalb von Cusco über eine Länge von einigen hundert Metern in mehreren Terrassen übereinander.

A Ascue le gustaba estar allí arriba. A veces, solo necesitaba la maravillosa vista sobre la ciudad, y también la tranquilidad, para sentirse bien.

Sorprendentemente, hoy estaba solo. A pesar de espléndido tiempo, no podía ver a nadie que pudiera molestarle.

Un momento realmente „mágico". Eso le dio una idea de lo que podía hacer a continuación.

En realidad, en el caso de la desaparecida Irene Brinkmann, todo era incierto o mera especulación.

Excepto que ella definitivamente había estado en Machu Picchu recientemente, y que ahora no se podía localizarla. Por ahí es por donde tenía que empezar.

Nadie podía revisar el área entera entre Cusco y Machu Picchu. Pero sí podía recurrir a la ayuda de un chamán.

Conocía a un chamán famoso con supuestas habilidades adivinatorias.

Ascue war gerne dort oben. Den wunderbaren Blick über die Stadt und auch die Ruhe, wenn mal nicht gerade Touristen dort einfielen, brauchte er manchmal ganz einfach um sich wohl zu fühlen. Heute war er überraschenderweise alleine. Trotz prächtigem Wetter konnte er niemanden sehen, der ihn stören könnte. Ein geradezu magischer Moment.

"Magisch" ... Das brachte ihn auf eine Idee, wie er weiter vorgehen könnte. Eigentlich war alles im Falle der vermissten Irene Brinkmann unsicher oder reine Spekulation. Außer, dass sie definitiv vor kurzem in Machu Picchu gewesen war, und, dass sie jetzt nicht auffindbar war. Da musste er ansetzen. Niemand konnte des gesamte Gebiet zwischen Cusco und Machu Picchu durchsuchen. Aber er konnte doch die Hilfe von einem Schamanen in Anspruch nehmen.

Er kannte einen populären Schamanen mit anscheinend hellseherischen Fähigkeiten.

Se llamaba Agustín Rivera y vivía no lejos de Cusco. Ya había colaborado algunas veces con la policía en la localización de víctimas desaparecidas.

Cada vez, los periódicos locales habían informado sobre estos casos con todo detalle.

También Ascue había estado allí antes para que le aconsejara cómo encontrar a una mujer adecuada.

En este sentido, Rivera se había ganado una buena reputación entre la gente común.

Eso no incluía a Ascue, pero a pesar de eso decidió visitar al chamán al día siguiente.

Er hieß Agustin Rivera und wohnte nicht weit von Cusco entfernt. Er hatte schon einige Male mit der Polizei zusammen gearbeitet, wenn es darum ging, verschollene Mordopfer aufzuspüren. Darüber hatten jedes Mal die lokalen Zeitungen ganz groß und ausführlich berichtet.

Ascue war auch schon einmal bei ihm gewesen, damit der ihm raten konnte, wie man eine passende Frau findet. Rivera hatte sich in der einfachen Bevölkerung diesbezüglich einen guten Ruf erarbeitet. Bei Ascue hatte es nicht funktioniert, doch Kommissar Javier Ascue beschloss trotzdem gleich am nächsten Tag den Schamanen zu besuchen.

La „Casa verde" era visible desde lejos en las afueras de un pequeño pueblo. Haciendo honor a su nombre, toda la casa estaba pintada de verde.

La fachada, las puertas de madera y también las contraventanas. Sólo el tejado con sus tejas rojas destacaba del verde omnipresente. En el patio, en el suelo, entre gallinas que cacareaban y escarbaban buscando comida, estaba sentado un hombrecillo jorobado que tallaba un pedazo de madera con un cuchillo.

El comisario Ascue entró en el patio. - Hola, Paco, ¿está tu hermano en casa?

El jorobado miró a Ascue lentamente y sin interés, y finalmente asintió. Paco hablaba raras veces, y cuando lo hacía, fantaseaba con ser un gran Inca.

- ¿Quién es? - resonó una voz enérgica desde la casa.

- ¡La policía! - respondió Ascue y entró en la casa. - Necesito tu ayuda, Agustín.

Das "Casa verde, das grüne Haus" lag weithin sichtbar am Rande des kleinen Dorfes. Es trug seinen Namen zu Recht, alles an dem Haus war grün gestrichen. Die Fassade, die Holztüren und auch die Fensterläden. Einzig das Dach mit seinen roten Ziegeln stach aus dem allgegenwärtigen Grün heraus. Im Hof saß inmitten von gackernden und nach Futter scharrenden Hühnern, ein kleiner buckliger Mann auf dem Boden, der mit einem Messer an einem Stück Holz schnitzte.

Kommissar Ascue trat in den Hof. "Hallo Paco, ist dein Bruder zuhause?"

Der Bucklige sah Ascue lange desinteressiert an, und nickte schließlich.

Paco sprach nur selten, und wenn, dann phantasierte er davon ein großer Inka zu sein.

"Wer ist da?" - ertönte eine energische Stimme aus dem Haus.
"Die Polizei!" - antwortete Ascue und trat ins Haus, "ich brauche deine Hilfe Agustin."

- ¡Oh, eres tú! ¿Sigues buscando una esposa para casarte?

El gordo anciano, envuelto en un manto colorido tradicional de los campesinos indígenas, miró burlón al comisario.

- Oh, déjalo, no tengo ganas de bromear. ¡Tengo una turista desaparecida. Ayúdame a encontrarla, te lo ruego!

- ¿Qué soy yo, un adivino?

- ¡La gente dice que sí! - Ascue sonrió ampliamente.

- De acuerdo, entonces. ¿Tienes algo personal de esa mujer?

- Sólo una foto.

- Con eso bastará. Ponla en la mesa.

Agustín Rivera hizo un gesto al comisario para que se sentara. Tomó una bolsa de lino con hojas secas de coca. - Tapa tu boca con esto y respira tres veces profundamente – dijo.

"Ach du bist das! Suchst du noch immer eine Frau zum heiraten?" Der dicke alte Mann, eingehüllt in einen traditionellen bunten Umhang der einheimischen Landbevölkerung, sah den Kommissar belustigt an.

"Ach hör auf, mir ist gar nicht zum Scherzen zumute. Ich habe eine vermisste Touristin! Hilf mir sie zu finden, ich bitte dich!"

"Bin ich etwa Hellseher?"

"Die Leute sagen ja!" - Ascue grinste breit.

"Also gut. Hast Du etwas persönliches von der Frau?"

"Nur ein Foto."

"Das reicht. Lege es auf den Tisch." Agustin Rivera bedeutete dem Kommissar sich hinzusetzen. Er nahm ein Leinensäckchen mit getrockneten Cocablättern. "Halt es vor den Mund und atme dreimal tief durch", sagte er.

Javier Ascue hizo lo que el chamán le había pedido. Él no se avergonzaba de practicar los antiguos ritos de sus antepasados. Como la mayoría de sus paisanos, creía en los poderes secretos de los chamanes y, sobre todo, estaba convencido del poder de Pachamama.

Pachamama, este poder primario femenino dador de vida, madre terrenal, cósmica y divina de todas las cosas al mismo tiempo, le ayudaría a discernir la verdad en este caso enmarañado.

Agustín Rivera murmuró algo en quechua, la antigua lengua de los incas, y por medio de esa extraña salmodia cayó rápidamente en trance. Finalmente abrió la bolsa de lino con un grito y esparció las hojas sobre la foto de la mujer desaparecida.

Después de seleccionar algunas hojas, miró a Ascue con los ojos muy abiertos.

- Los colores son la indumentaria de los dioses – susurró – y Pachamama ahora viste de rojo. Ella se ha cobrado una víctima.

Javier Ascue tat wie gefordert. Er fand nichts dabei die alten Riten seiner Vorfahren nachzuvollziehen. Wie die meisten seiner Landsleute glaubte er an geheime Kräfte der Schamanen, und vor allem war er überzeugt von der Macht der Pachamama.

Pachamama, diese lebensspendende weibliche Urkraft, irdische, kosmische und göttliche Mutter aller Dinge zugleich, sie würde ihm helfen die Wahrheit über diesen verzwickten Fall zu erkennen.

Agustin Rivera murmelte etwas in Quetschua, der alten Sprache der Inkas, und über den eigenartigen Singsang fiel er rasch in Trance. Schließlich öffnete er mit einem Aufschrei das Leinensäckchen und verstreute die Blätter über das Foto der vermissten Frau. Nachdem er einige der Blätter aussortiert hatte, sah er Ascue aus großen Augen an.

"Farben sind die Kleider der Götter," flüsterte er, "und Pachamama trägt jetzt rot. Sie hat sich ein Opfer geholt.

- Pero todavía habrá más sacrificios mientras no haya armonía entre los seres humanos y los dioses.

Entonces empezó a tener arcadas y salió apresuradamente de la casa para vomitar fuera, en el patio.

*

Decepcionado, Ascue salió al patio, donde el hermano de Agustín, impávido, todavía se ocupaba de su talla.

Aber es wird noch weitere geben, solange es keine Harmonie zwischen den Menschen und den Göttern gibt." Dann begann er zu würgen und stürzte eilig aus dem Haus, um sich draußen im Hof zu übergeben.

*

Kommissar Ascue trat enttäuscht in den Hof, wo sich Agustins Bruder noch immer unverdrossen mit seiner Schnitzerei beschäftigte.

En la escuela de idiomas

Los últimos días han pasado rápidamente. Aunque siempre brilla el sol, se nos congela el culo durante las clases. Ya nos han dado mantas para que nos calentemos un poco.

El contraste entre el sol brillante en el exterior, y el frío gélido en el interior de los edificios, realmente me molesta.

Sobre todo la radiación UV afuera es extrema. Ayer, después de clase, me senté con otros alumnos en la terraza de un bar, donde el sol me daba solamente en el lado derecho de la cara.

Hoy ese lado derecho está completamente quemado, el otro lado sigue pálido. No sólo es que me duele, sino que también se burlan de mí.

Que parezca un indio en pie de guerra, es uno de los comentarios más inofensivos.

In der Sprachschule

Die letzten Tage sind schnell vergangen. Obwohl eigentlich immer die Sonne scheint, frieren wir uns während des Unterrichts den Arsch ab. Wir haben schon Wolldecken bekommen, um uns damit etwas zu wärmen. Der Kontrast von Knall-Sonne draußen, und Eises-Kälte innerhalb der Gebäude, macht mir echt zu schaffen. Vor allem die UV Einstrahlung ist draußen extrem. Ich bin gestern nach dem Unterricht mit einigen Kollegen auf der Straße vor einer Bar gesessen, wo mir die Sonne immer nur auf die rechte Seite meines Gesichtes geschienen hat. Heute ist diese Seite komplett verbrannt, die andere Seite dagegen ist heil geblieben. Das tut nicht nur weh, sondern sorgt auch für hämische Kommentare mir gegenüber. Dass ich aussehen würde, wie ein Indianer auf Kriegspfad, ist noch eine der harmlosesten Bemerkungen.

Mi grupo de la escuela es pequeño, pero notable.

La estudiante de Nueva York, a la que su papá le pagó esta estancia, acaba de enamorarse de un joven cusqueño, como me contó tímidamente, con las mejillas encendidas, esta mañana.

Luego hay un alemán de veintitantos años que no tiene otra cosa que hacer que aprender español justamente aquí dice él.

Además, hay una mujer suiza que se llama a sí mismo „ratón", lo que causa confusión entre los lugareños, porque aquí eso se entiende más bien como un insulto; mi compañera de viaje Stine, y finalmente mi humilde persona.

Mi compañero de idiomas, el comisario Javier Ascue, es un interesante y a mi modo de ver, muy activo y exótico hombrecillo.

Si se le pusiera una de esas capas coloridas, y un gorro de lana, apenas se le podría distinguir entre los muchos indios de aquí.

Meine Gruppe in der Schule ist klein, aber bemerkenswert. Die Studentin aus New York, die von ihrem Papa diesen Aufenthalt bezahlt bekommen hat, hat sich gerade in einen jungen Mann aus Cusco verliebt, wie sie mir heute morgen mit roten Wangen verschämt erzählt hat.

Dann noch ein Deutscher um die zwanzig, der hat gerade nichts anderes zu tun als ausgerechnet hier Spanisch zu lernen (sagt er). Dazu noch eine Schweizerin, die sich selbst "Maus" nennt, was unter den Einheimischen für Verwirrung sorgt, weil das hier wohl eher als Schimpfwort verstanden wird; meine Reisegefährtin Stine und schließlich meine Wenigkeit.

Mein Sprachpartner, der Kommissar Javier Ascue, ist ein interessanter und auf mich sehr exotisch wirkender kleiner Mann. Würde man ihn in einen dieser bunten Umhänge stecken, und eine Wollmütze aufsetzen, könnte ich ihn kaum noch von den vielen Indios hier unterscheiden.

Es un tipo pensativo, ya habla increíblemente bien alemán y me ha confesado que su sueño es vivir en Europa.

En particular, las mujeres europeas parecen gustarle especialmente.

Al menos, me sigue preguntando por la traducción de detalles íntimos del cuerpo femenino. ¡Ese tipo es un lanzado!

Desafortunadamente, por su profesión, Javier está muy ocupado ahora mismo. Un caso con una turista desaparecida. No quiso contar más.

Así que, no todos los días tiene tiempo para mí, pero lo intenta.

Er ist ein etwas nachdenklicher Typ, spricht bereits unheimlich gut Deutsch, und hat mir gestanden, dass es sein Traum ist, in Europa zu leben. Besonders die Europäerinnen scheinen es ihm angetan zu haben. Zumindest fragt er mich immer wieder nach der Übersetzung für intime Details des weiblichen Körpers. Der Kerl hat es wohl faustdick hinter den Ohren!

Leider ist Javier beruflich im Moment ziemlich eingespannt. Irgendein Fall mit einer vermissten Touristin. Mehr wollte er nicht erzählen.

So hat er eben nicht jeden Tag Zeit für mich, aber er bemüht sich.

Al templo de la luna

Había vuelto, y tenía que darse prisa. Pachamama no lo perdonaría si alguien interrumpiera la ceremonia.

- ¡Presta atención, y llámame si viene alguien! - dijo, y se fue a las ruinas del templo sin esperar una respuesta.

Con mucho esfuerzo apartó la pesada piedra y la abertura de la cámara secreta de abajo se hizo visible.

Respirando pesadamente, se estrujó a través de la abertura y, después de encender una vela, vio con satisfacción que la mezcla, con la que había pintado a su víctima, ya daba un buen resultado.

La mujer blanca seguía tendida sobre la piedra de sacrificio, sin pudrición visible y con la piel ligeramente encogida. La decoró cuidadosamente con flores.

Todo tenía que ser perfecto si quería restaurar la armonía entre el cielo y la tierra.

Beim Mond Tempel

Er war wieder da und er musste sich beeilen. Pachamama würde es ihm nicht verzeihen wenn jemand die Zeremonie störte.

"Pass gut auf, und ruf mich wenn jemand kommt!" - sagte er, und ging ohne eine Antwort abzuwarten zu den Ruinen des Tempels.

Mühsam zog er den schweren Stein auf die Seite und die Öffnung zu der geheimen Kammer darunter wurde sichtbar. Schwer atmend quetschte er sich hindurch und, nachdem er eine Kerze angezündet hatte, sah er mit Genugtuung, dass die Mixtur, mit der er sein Opfer angestrichen hatte, bereits gut wirkte.

Die weiße Frau lag noch ohne erkennbare Verwesung, und mit nur leicht eingeschrumpfter Haut auf dem Opferstein. Er schmückte sie sorgfältig mit Blumen. Alles musste perfekt sein, wollte er die Harmonie zwischen dem Himmel und der Erde wiederherstellen.

La mujer había caído prácticamente a sus pies hacía unos días, cuando él había visitado el templo de la luna para hablar con la Pachamama. La mujer había caído de unas rocas salientes unos treinta metros más arriba, y se estrelló en el rocoso sendero frente a él con el feo sonido de huesos quebrantandos. Ella todavía estaba viva, había intentado decirle algo, pero las palabras habían sido en un idioma extranjero.

Su vida terminó de forma rápida y misericordiosa, por un golpe masivo con una gran piedra.

En la penumbra de la cámara observó la cara destruida de forma pensativa. - ¿Aceptará la Pachamama este sacrificio?

Consciente de su responsabilidad por el bienestar de su gente, le asaltó un miedo agonizante. Tenía que hacerlo todo bien.

Una vez más, corrigió la posición de las manos y piernas sin vida de su victima. Por fin estaba satisfecho.

Die Frau war ihm vor einigen Tagen praktisch vor die Füße gefallen, als er den Mondtempel besucht hatte, um zu Pachamama zu sprechen. Sie war von einem Felsvorsprung, gut dreißig Meter weiter oben, herabgestürzt, und vor ihm mit dem hässlichen Geräusch von brechenden Knochen auf dem steinigen Pfad aufgeschlagen. Sie hatte noch gelebt, hatte versucht ihm etwas zu sagen, aber die Worte waren in einer fremden Sprache gewesen. Ihr Leben endete gnädig und schnell durch einen wuchtigen Hieb mit einem großen Stein.

Im Halbdunkel des Raumes sah er nachdenklich in das zerstörte Gesicht. "Ob Pachamama dieses Opfer annehmen wird?"

Im Bewusstsein seiner Verantwortung für das Wohlergehen seines Volkes, überkam ihn quälende Angst. Er musste alles richtig machen. Nochmals korrigierte er die Position der leblosen Hände und Beine seines Opfers. Schließlich war er zufrieden.

Encendió más velas, que inmediatamente llenaron la pequeña cámara con un denso humo. Humildemente, se arrodilló ante la piedra de sacrificio y comenzó a invocar a la Madre Tierra.

- Madre Tierra, Tierra Santa, gracias por darnos comida, sin ti nuestros estómagos estarían vacíos, sin ti hay sufrimiento y necesidad, mira, esto es lo que te estoy ofreciendo: Te ofrezco con todo mi corazón, te ofrezco este humilde sacrificio, acepta mi regalo, deja que el campo, los pastos y el ganado crezcan y prosperen, da protección a todos, acompáñanos, guíanos con tu mano derecha.

Repitió la invocación varias veces y la parpadeante luz de las velas recobró vida a su sacrificio. Después de todo, podía sentirlo. Pachamama había aceptado su ofrenda.

Agachó la cabeza con devoción. Bajo su protección el pueblo Inca volvería a ser fuerte y poderoso, y destruiría a los conquistadores extranjeros.

Er entzündete weitere Kerzen, die sofort die kleine Kammer mit dichtem Rauch ausfüllten. Demütig sank er vor dem Opferstein auf die Knie und begann mit der Anrufung der Mutter Erde.

"Mutter Erde, heilige Erde, Dank, dass du uns Nahrung gibst, ohne dich sind unsere Mägen leer, ohne dich ist Leid und Not, schau her, dies biete ich dir an: Ich opfere dir aus ganzem Herzen, ich biete dir dies bescheidene Opfer dar, nimm meine Gabe an, lass wachsen und gedeihen das Feld, die Weiden und das Vieh, gib allen Schutz, begleite uns, führe uns an deiner rechten Hand."

Er wiederholte die Anrufung mehrere Male und das flackernde Licht der Kerzen zauberte Leben auf seine Opfergabe.

Schließlich konnte er es fühlen. Pachamama hatte sein Opfer angenommen. Er senkte ergeben den Kopf. Unter ihrem Schutz wird das Volk der Inka wieder stark und mächtig werden, und sie werden die fremden Eroberer niederwerfen.

Rutina escolar

El strudel de manzana sigue caliente y huele tentador. Mientras la nata se derrite lentamente por arriba, chicas encantadoras con trajes coloridos se disponen a repartirse el strudel entre ellas. Por mucho que intento protestar, ya que quiero un pedazo, no sale ningún sonido de mi boca. Incluso alguien me zarandea. ¡Para!

- ¡Oye! Despierta hombre. ¡No estás aquí para dormir!

Salgo de un sueño profundo y veo caras burlonas. Sólo después de unos segundos me doy cuenta de dónde estoy realmente. Mis compañeros de clase se parten de risa.

Supongo que subestimé por completo el efecto del alcohol, que disfruté en exceso anoche, a esta altitud. Me desenvuelvo de las dos mantas calientes, que me dieron al principio de la clase, y tartamudeo avergonzado.

Schul-Alltag

Der Apfelstrudel ist noch warm und riecht verführerisch. Während die Sahne oben drauf langsam schmilzt, machen sich entzückende Mädchen in ihren bunten Trachten daran, den ganzen Strudel alleine unter sich aufzuteilen. So sehr ich mich auch bemühe zu protestieren, weil ich auch ein Stück davon will, es kommt einfach kein Laut aus meinem Mund. Jemand schüttelt mich sogar. Aufhören!

"He! Wach auf, Mann. Du bist doch nicht zum Schlafen hier!"

Ich fahre aus tiefem Schlaf hoch und sehe in belustigte Gesichter. Erst nach einigen Sekunden realisiere ich, wo ich eigentlich bin. Meine Klassenkameraden schütteln sich vor Lachen. Da habe ich wohl die Wirkung des Alkohols, den ich gestern Abend überreichlich genossen habe, in dieser Höhenlage komplett unterschätzt. Ich wickle mich aus den beiden warmen Decken, die ich am Beginn des Unterrichts bekommen habe, und stottere verlegen herum.

Qué mierda que esto me tenga que pasar precisamente a mí.

No es que las clases sean tan aburridas. Por el contrario, todos los profesores están muy motivados y se esfuerzan mucho.

Pero contra un austríaco que ha trasnochado, con sueños vívidos y una poderosa resaca, no tienen ninguna posibilidad.

Hoy repasaremos las diferentes formas de pasado de la lengua española.

Me parece bastante complicado, con todas las condiciones que hay que tener en cuenta cuando hay que usar alguna.

Si esto sigue así, entonces ya he perdido otra oportunidad para mejorar mi español de forma decisiva.

Estoy excesivamente distraído por la grandiosa naturaleza que nos rodea aquí en Cusco. Me gusta demasiado hacer excursiones con un grupo que habla únicamente alemán.

So ein Mist aber auch, dass ausgerechnet mir so etwas passieren muss. Es ist ja nicht so, dass der Unterricht so langweilig wäre. Im Gegenteil, die Lehrer sind alle sehr motiviert und bemühen sich sehr. Aber gegen einen übernächtigten Österreicher mit lebhaften Träumen und einem mächtigen Kater, haben sie eben keine Chance.

Heute nehmen wir die verschiedenen Vergangenheitsformen der spanischen Sprache durch.

Ich finde das ganz schön kompliziert, mit all den Bedingungen, wann man was verwenden muss.

Wenn das so weiter geht, dann habe ich schon wieder eine Gelegenheit versäumt mein Spanisch entscheidend zu verbessern.

Zu sehr bin ich durch die grandiose Natur, die uns hier in Cusco umgibt, abgelenkt. Allzu gerne mache ich Ausflüge mit einer rein deutschsprachigen Gruppe.

Y Javier Ascue también ha desparecido. No tengo ni idea de dónde está.

¿Quizás prefiera la compañía de una rubia alemana „de rompe y rasga"? Quién sabe!

Und Javier Ascue ist auch mal wieder verschwunden. Keine Ahnung, wo der sich herum treibt.

Vielleicht zieht er die Gesellschaft einer rassigen Blondine aus Deutschland mir vor? Wer weiß das schon!

Comisario Ascue está investigando

El comisario Ascue veía el triunfo en los ojos de Oskar Brinkmann, pero aunque todavía no confiaba en aquél hombre, por el momento, tuvo que ceder.

- Así que es cierto que su esposa Irene estaba efectivamente en Machu Picchu, pero también que desafortunadamente nadie la ha visto desde entonces. Le devolveré su pasaporte, doctor Brinkmann. Aunque no tenga testigos fehacientes de su supuesta estancia en Urubamba.

Oskar Brinkmann no pestañeó cuando recibió su pasaporte.

- ¿Qué va a hacer ahora? - preguntó Ascue.

- Supongo que la policía por fin se pone en marcha. - dijo Brinkmann. No puedo quedarme aquí eternamente, por supuesto, ¡pero confío en su sagacidad!

Kommissar Ascue ermittelt

Kommissar Ascue sah den Triumph in den Augen von Oskar Brinkmann, aber obwohl er dem Mann weiterhin nicht traute, musste er im Moment nachgeben. "Es steht also fest, dass ihre Frau Irene tatsächlich in Machu Picchu war, leider aber auch, dass sie seitdem niemand mehr gesehen hat. Ich gebe Ihnen Ihren Reisepass wieder, Herr Doktor Brinkmann. Auch, wenn Sie keine glaubwürdigen Zeugen haben für Ihren angeblichen Aufenthalt in Urubamba."

Oskar Brinkmann verzog keine Miene, als er seinen Reisepass an sich nahm.

Was werden Sie jetzt machen?" - wollte Ascue wissen.

"Ich gehe davon aus, dass die Polizei endlich aktiv wird, und meine Frau findet," meinte Brinkmann. "Ich kann natürlich nicht ewig hier bleiben, aber ich vertraue auf Ihren Spürsinn!"

El comisario podía sentir que aquél hombre le había engañado. Pero no le iba a resultar tan fácil. De ahora en adelante Brinkmann tenía una sombra que le seguiría a cada paso.

Ascue ni siquiera tenía que hacerlo por sí mismo. Tenía suficientes contactos con pequeños ladrones, que le ayudaban gustosamente, siempre y cuando a cambio les dejara ejercer en paz sus turbios negocios.

Se esforzó en poner una cara amistosa mientras estrechaba la mano a Oskar Brinkmann para despedirse. Pero tan pronto como estuvo solo, fue al teléfono.

Der Kommissar konnte es fühlen, dass er von dem Mann nach Strich und Faden verarscht wurde. Aber so einfach würde er es ihm nicht machen.

Ab sofort hatte Brinkmann einen Schatten, der ihm auf Schritt und Tritt folgen würde. Ascue musste das nicht mal selbst machen. Er hatte genügend Kontakte zu kleinen Gaunern, die ihm gerne halfen, solange er sie im Gegenzug dazu in Ruhe ihre halb legalen Geschäfte abwickeln ließ.

Er bemühte sich um ein freundliches Gesicht, als er Oskar Brinkmann zum Abschied die Hand schüttelte. Kaum aber war er alleine, ging er zum Telefon.

Dos días más tarde

Javier Ascue estaba pensando. Acababa de recibir un mensaje. Oskar Brinkmann había comprado un billete para el tren a Machu Picchu. Eso podía ser inofensivo o no. Pero también podía significar el punto de ruptura en este extraño caso.

Ascue decidió ponerse en marcha.

Consiguió otro billete para el mismo tren en el que viajaría Brinkmann, compró un poncho barato y una gorra colorida. Con esto y además con unas gafas de sol, podría hacerse de sobra irreconocible. Al menos eso esperaba.

En Poroy, - la estación a unos veinte minutos de Cusco, desde donde el tren partió hacia Aguas Calientes, - los vagones azules de Peru Rail ya estaban listos cuando Ascue se bajó del taxi compartido.

Zwei Tage später

Javier Ascue überlegte. Er hatte soeben eine Nachricht erhalten. Oskar Brinkmann hatte sich eine Fahrkarte für den Zug nach Machu Picchu gekauft. Das konnte harmlos sein, oder auch nicht. Es konnte aber auch den Durchbruch in diesem sonderbaren Fall bringen. Ascue beschloss, nun selbst aktiv zu werden.

Er bekam noch eine Fahrkarte für denselben Zug, mit dem auch Brinkmann fahren würde, kaufte sich einen billigen Poncho (ein traditioneller Umhang der Einheimischen) und eine bunte Mütze. Damit und zusätzlich mit einer Sonnenbrille konnte er sich unkenntlich genug machen. So hoffte er zumindest.

In Poroy, dem Bahnhof etwa zwanzig Minuten außerhalb von Cusco, wo der Zug nach Aguas Calientes abfuhr, standen die blauen Waggons von Peru Rail bereits bereit, als Ascue aus dem Sammeltaxi kletterte.

Por supuesto con este disfraz no había podido venir en su coche oficial. Eso habría sido demasiado llamativo.

Brinkmann se había decidido por la „Expedición", la categoría más barata en la que también viajaban algunos indios. Eso aumentaba las posibilidades de que el comisario no llamara la atención.

Sin embargo, Oskar Brinkmann no prestaba atención a su entorno todo el tiempo que el tren estaba en movimiento. Ascue estaba sentado sólo dos filas detrás de él, y así lo tenía siempre a la vista.

Además, cuando en Aguas Calientes Brinkmann se subió inmediatamente a un autobús a Machu Picchu, el comisario pudo seguirlo sin ser advertido.

Al llegar a la cima, Brinkmann marchó inmediatamente hacia el Huayna Picchu, sin gastar una sola mirada en las ruinas de Machu Picchu.

Mit seinem Dienstauto hatte er natürlich in dieser Verkleidung nicht kommen können. Das wäre doch zu auffällig gewesen. Brinkmann hatte sich für die "Expedition", die günstigste Buchungsklasse entschieden, in der auch etliche Indios unterwegs waren.

Das erhöhte die Chancen, dass der Kommissar nicht auffiel.

Oskar Brinkmann achtete allerdings die ganze Zeit über, während der Zug fuhr, nicht auf seine Umgebung. Ascue saß nur zwei Reihen hinter ihm und hatte ihn so immer im Blick.

Auch, als Brinkmann in Aguas Calientes sofort in einen Bus nach Machu Picchu stieg, konnte sich der Kommissar unentdeckt anschließen. Oben angekommen, marschierte Brinkmann zielstrebig sofort zum Huayna Picchu, ohne einen Blick auf die Ruinen von Machu Picchu zu verschwenden.

Ahora el comisario Ascue estaba absolutamente seguro de que el hombre no hacía una visita ingenua a la antigua ciudad inca, sino que estaba tramando algo muy concreto.

Esperó hasta que Brinkmann desapareció entre los árboles en el camino de subida a la cima, y solo entonces lo siguió.

El comisario Ascue se tomó su tiempo. Seguramente Irene Brinkmann ya estaba muerta, en el caso de que todavía se encontrara aquí.

Revisó su pistola semiautomática de nueve milímetros, la aseguró con cuidado y volvió a colocarla en la funda sobaquera.

Luego subió lentamente a la montaña. Más adelante, llegó justo a tiempo para ver que Brinkmann tomaba el desvío a la izquierda.

Ahora podía dejar aún más distancia entre los dos, ya que este camino solo conducía a un antiguo lugar de culto inca.

Ascue ya había estado allí una vez.

Nun war sich Kommissar Ascue absolut sicher, dass der Mann keinen harmlosen Besuch bei der alten Inka Stadt machte, sondern etwas ganz Bestimmtes vor hatte.

Er wartete, bis Brinkmann zwischen den Bäumen auf dem Weg nach oben auf den Gipfel verschwand, und folgte ihm erst dann.

Kommissar Ascue ließ sich Zeit. Irene Brinkmann war ja sicherlich bereits tot, wenn sie überhaupt noch hier war. Er überprüfte seine halbautomatische neun Millimeter Pistole, sicherte sie sorgfältig, und steckte sie zurück in das Schulterhalfter. Danach kletterte er langsam weiter den Berg hinauf. Weiter oben kam er gerade noch zurecht, dass er sah, dass Brinkmann die Abzweigung nach links nahm. Jetzt konnte er noch mehr Abstand zwischen ihnen beiden lassen, da dieser Weg nirgendwo anders als zu einer alten Kultstätte der Inkas führte.

Ascue war einmal dort gewesen.

Sin embargo, los restos de las murallas y las cuevas que se podían visitar allí no le habían impresionado mucho.

El camino pronto se hizo muy empinado. En algunos lugares tenía que detenerse en las cuerdas de seguridad para no caer al precipicio. A veces incluso tenía que subir por escaleras de mano.

Miró pensativo al abismo. ¿Y si Irene Brinkmann estuviera en alguna parte allá abajo? ¿Y si ella hubiera sido simplemente descuidada y se había resbalado? ¿Estaba equivocado al sospechar de Oskar Brinkmann?

Quien estuviera allí abajo, tal vez habría desaparecido para siempre.

Un grito ahogado que venía de arriba lo dejó helado. Pero el susto solo lo paralizó un momento, luego subió tan rápido como pudo.

Llegando a las ruinas al final del camino, se detuvo como si se hubiera quedado de piedra.

Die Mauerreste und Grotten, die es dort zu besichtigen gab, hatten ihn allerdings nicht sehr beeindruckt.

Der Weg wurde bald sehr steil. An manchen Stellen musste er sich an Sicherungsseilen anhalten, um nicht in die Tiefe zu stürzen. Teilweise musst er sogar über Leitern klettern.

Er betrachtete den Abgrund nachdenklich. Wenn Irene Brinkmann irgendwo dort unten lag? Vielleicht war sie einfach unvorsichtig gewesen, und ausgerutscht? Tat er Oskar Brinkmann Unrecht, wenn er ihn verdächtigte? Wer dort unten lag, der würde vielleicht für immer verschwunden bleiben.

Ein erstickter Schrei von weiter oben ließ ihn erstarren. Aber nur kurz lähmte ihn der Schreck, dann kletterte er, so schnell er nur konnte, weiter hoch.

Bei den Ruinen am Ende des Pfades angekommen, blieb er wie angewurzelt stehen.

En el suelo, ante la entrada de una gruta tapiada, yacía una figura inmóvil empapada de sangre, y un hombre vestido de forma extraña se inclinaba sobre él.

Llevaba un tocado de plumas doradas, con un gran disco solar en la frente y un espléndido vestido de cuero colorido.

- ¡Policía! ¡No se mueva! - El comisario Ascue apuntó amenazador con su arma al hombre y, al acercarse con cautela, lo reconoció.

- ¡Paco! ¡Eres tú! ¿Qué has hecho?

Paco Rivera bajó la mano con la que sostenía una piedra y murmuró palabras incomprensibles. El hombre inerte a sus pies era Oskar Brinkmann.

- ¡Deja caer la piedra, Paco, y échate al suelo! Ascue encañonó con su arma al pecho de hombrecillo.

Paco Rivera obedeció y se dejó caer de rodillas. Confundido, miró al comisario.

Vor dem Eingang zu einer zugemauerten Grotte lag eine blutüberströmte, reglose Gestalt am Boden und ein seltsam gekleideter Mann beugte sich über ihn. Er trug einen goldenen gefiederten Kopfschmuck, mit einer großen Sonnenscheibe auf der Stirn, und ein prächtiges buntes Lederkleid.

"Polizei! Stehenbleiben!" Kommissar Ascue richtete drohend seine Waffe auf den Mann, und als er vorsichtig näher kam, erkannte er ihn. "Paco! Du bist das! Was hast du da nur gemacht?"

Paco Rivera ließ die Hand sinken, in der er einen Stein hielt, und murmelte unverständliche Worte. Der leblose Mann zu seinen Füßen war Oskar Brinkmann.

"Lass den Stein fallen Paco, und leg dich auf den Boden!" Ascue zielte mit seiner Waffe genau auf die Brust des kleinen Mannes.
Paco Rivera gehorchte und ließ sich auf seine Knie sinken. Er sah den Kommissar verwirrt an.

- ¿Tú mataste a ese hombre, Paco?

- Sí. Pachamama se enoja cunado alguien la molesta… - con una expresión de ilimitada desesperación, empezó a sollozar.

Al comisario tuvo una idea terrible. ¿También había matado Paco a Irene Brinkmann?

- ¿Qué hay de la mujer blanca? - preguntó.

Sollozando, Paco Rivera señaló con la cabeza hacía un muro. - Ella está … ya está abajo …

Un sudor frío recorrió la espalda del comisario Ascue. ¿Había aquí un maníaco asesino en serie? Aseguró su arma y la enfundó de nuevo en la sobaquera.

Oskar Brinkmann había muerto, como había comprobado rápidamente. Ya no podía ayudarlo, ¿pero qué había de su esposa? ¿Estaba realmente su cadáver allí abajo?

"Hast du den Mann getötet Paco?"

"Ja. Pachamama wird zornig wenn jemand stört ..." - mit einem Ausdruck der grenzenlosen Verzweiflung begann er zu schluchzen.

Dem Kommissar kam ein schrecklicher Gedanke. Hatte Paco etwa auch Irene Brinkmann umgebracht? "Was ist mit der weißen Frau?" - fragte er.

Paco Rivera deutete schluchzend mit dem Kopf zu einer Mauer. "Sie ist ... sie liegt schon unten …"

Kommissar Ascue lief es eiskalt über den Rücken. Hatte er es hier mit einem irren Massenmörder zu tun? Er sicherte er seine Waffe und steckte sie zurück in das Schulterhalfter.

Oskar Brinkmann war tot, wie er sich schnell überzeugte. Dem konnte er nicht mehr helfen, was aber war mit seiner Frau? Lag ihre Leiche wirklich da unten?

¿Qué quería decir Paco, exactamente, con „abajo"? ¿La había arrojado al abismo porque ella por casualidad había „molestado" a Paco? ¿Con lo que fuese?

Paco no quería decir nada más. Ascue le ató las manos y, a continuación, empezó a registrar el área escrupulosamente. Pronto encontró lo que buscaba, en la parte posterior de una pared.

Una piedra pesada había sido empujada hacia un lado, y Ascue pudo distinguir una abertura en la mampostería. Se desprendía un peculiar olor a moho.

Con cuidado, Ascue metió su cabeza por el agujero, pero no podía distinguir nada en la penumbra interior.

Tuvo que entrar allí – para bien o para mal – para averiguar si Paco había dicho la verdad. Vaciló un poco, pero luego se deslizó con los pies por delante la abertura.

Se lo olía, incluso antes de que sus ojos se acostumbraran a la oscuridad. En el aire había un ligero olor de descomposición.

Was meinte Paco eigentlich mit "unten"? Hatte er sie in den Abgrund geworfen, weil sie Paco zufällig "gestört" hatte? Bei was auch immer?

Paco wollte nichts mehr sagen. Ascue fesselte ihm die Hände, und begann danach sorgfältig die Gegend abzusuchen. Schon bald wurde er auf der Rückseite einer massiven Mauer fündig. Ein schwerer Stein war auf die Seite geschoben worden, und er konnte eine Öffnung im Mauerwerk erkennen. Ein eigenartig muffiger Geruch drang heraus.

Ascue steckte vorsichtig seinen Kopf in das Loch, konnte aber in dem Halbdunkel dahinter nichts erkennen. Er musste wohl oder übel da hinein, um zu erfahren, ob Paco die Wahrheit gesagt hatte. Er zögerte kurz, doch dann rutschte er mit den Füßen voraus durch den Durchlass.

Noch bevor sich seine Augen an das Dunkel gewöhnt hatten, roch er es. Ein leichter Geruch nach Verwesung lag in der Luft.

No tenía linterna, pero siempre llevaba fósforos consigo. Cuando la cerilla se encendió, Ascue se estremeció sobresaltado.

Frente a él yacía un cadáver femenino desnudo, parcialmente momificado, sobre una gran piedra. Ante él, había varias velas. Encendió una de ellas y casi se quema los dedos con el fósforo.

- Oh Paco, así que dijiste la verdad, - gimió.

El cadáver ligeramente arrugado podía perfectamente haber sido Irene Brinkmann, aunque hasta ahora sólo la había visto en una foto. El olor le provocó náuseas. Hurgó en el bolsillo de su pantalón buscando un pañuelo para taparse la boca.

- ¡Nunca debiste haber visto eso! - La voz retumbó en la cámara como un trueno.

Asustado, el comisario Ascue rápidamente se dio la vuelta, pero antes de que pudiera reconocer a alguien, recibió un golpe en la cabeza y su conciencia se sumergió en una inmensa oscuridad.

Er hatte zwar keine Taschenlampe, aber immer ein paar Streichhölzer bei sich. Als das Streichholz aufflammte, zuckte Ascue erschrocken zusammen.

Vor ihm lag eine teilweise mumifizierte nackte weibliche Leiche auf einem großen Stein. Davor waren etliche Kerzen zu sehen. Er zündete eine davon an, und verbrannte sich mit dem Streichholz beinahe die Finger.

"Oh Paco, du hast also die Wahrheit gesagt," stöhnte er. Die leicht verschrumpelte Leiche konnte durchaus Irene Brinkmann sein, auch wenn er sie bisher nur auf einem Foto gesehen hatte. Der Geruch löste bei ihm Übelkeit aus. Er kramte in seiner Hosentasche nach einem Taschentuch, um es sich vor den Mund zu halten.

"Das hättest du niemals sehen sollen!" Die Stimme dröhnte durch den Raum wie ein Donnerschlag. comisario Ascue wirbelte erschrocken herum, aber noch bevor er jemanden erkennen konnte, erhielt er einen Schlag auf den Kopf und sein Bewusstsein tauchte ab in grenzenlose Dunkelheit.

Una mirada retrospectiva - ¿Quiénes eran los incas?

La civilización de los incas se desarrolló en Sudamérica alrededor del año 1000 d. C. y alcanzó su apogeo a mediados del siglo VI.

En esa época, el imperio se extendía sobre los territorios actuales de Perú, Bolivia y Ecuador, así como sobre partes de Colombia, Chile y Argentina.

Excavaciones y hallazgos en Brasil sugieren que el territorio de los incas incluso se extendió hasta el Brasil actual.

¡Su superficie era así más grande que la del Imperio Romano! Contaba con unos 16 millones de personas y todavía puede describirse como la única sociedad en la historia de la humanidad en la que no había ni hambre ni pobreza.

El nombre original del Imperio Inca era „Tawantinsuyu" („Cuatro Naciones Unidas").

Ein Rückblick - wer waren die Inka?

Etwa 1000 nach Christus entwickelte sich in Südamerika die Zivilisation der Inka und erreichte Mitte des 16. Jahrhunderts seinen Höhepunkt. Zu diesem Zeitpunkt erstreckte sich das Reich über die heutigen Gebiete von Peru, Bolivien und Ecuador sowie Teile Kolumbiens, Chiles und Argentiniens. Ausgrabungen und Funde in Brasilien legen den Schluss nahe, dass sich das Gebiet der Inka sogar bis in das heutige Brasilien ausdehnte.

Dessen Fläche war also größer, als die des römischen Reiches! Es zählte etwa 16 Millionen Menschen und kann bis heute als die einzige Gesellschaft in der Geschichte der Menschheit bezeichnet werden, in der es weder Hunger noch Armut gab!

Der ursprüngliche Name des Inka-Reiches lautete Tawantinsuyu („Vier Nationen vereint").

La capital se llamaba Qosqo, que traducido significa „ombligo del mundo"; hoy en día esta ciudad se llama Cusco (o Cuzco).

El Tawantinsuyu era gobernado por un Inca, un emperador por derecho divino. Este Inca era considerado por sus súbditos como un garante de la prosperidad y el orden. A menudo asociamos Machu Picchu y una inmensa riqueza de oro y plata con los legendarios Incas y su imperio.

La conquista de los españoles

En 1532 el conquistador español Francisco Pizarro desembarcó en la costa peruana con dos barcos, unos 150 soldados, tres cañones, así como caballos y armas.

En ese momento el imperio estaba debilitado por las pérdidas humanas causadas por la guerra civil, la viruela y el sarampión. El Inca Atahualpa supo de los extranjeros y su ansia de oro mucho antes de conocer personalmente a Pizarro y sus hombres en Cajamarca.

Die Hauptstadt hieß Qosqo, was übersetzt „Nabel der Welt" bedeutet; heute nennt sich diese Stadt Cusco (bzw. Cuzco).

Das Tawantinsuyu wurde von einem Inka regiert, einem Kaiser durch göttliches Recht. Dieser Inka wurde von seinen Untertanen als ein Garant für Wohlstand und Ordnung angesehen. Mit den legendären Inkas und ihrem sagenumworbenen Reich verbinden wir häufig Machu Picchu sowie einen unermesslichen Reichtum an Gold und Silber.

Eroberung durch die Spanier.

Im Jahr 1532 landete der spanische Eroberer Francisco Pizarro mit zwei Schiffen, etwa 150 Soldaten, drei Kanonen sowie Pferden und Waffen an der Küste Perus. Das Reich war zu diesem Zeitpunkt von den menschlichen Verlusten, hervorgerufen durch Bürgerkrieg, Pocken und Masern, entsprechend geschwächt. Der Inka Atahualpa erfuhr von den Fremden und ihrem Drang nach Gold lange, bevor er Pizarro und seine Männer in Cajamarca persönlich traf.

Subestimó la codicia de los españoles por el oro y la plata, porque para los incas no tenía valor material, sólo un valor ideal. Llamaban al oro el „sudor del sol", a la plata el „sudor de la luna".

Estos metales se usaban para expresar respeto al Padre Sol y a la Abuela Luna.

Pizarro y sus seguidores capturaron a Atahualpa en un golpe de mano, y en la posterior confrontación con los indios, mataron cerca de 4.000 de ellos. En ese momento, España era la nación líder en la guerra con el armamento más avanzado – caballos, mosquetes, armaduras y armas de acero – los guerreros incas, con armaduras de cuero y armas de madera, no tenían nada comparable con que oponerse.

Atahualpa prometió a Pizarro que, sí era liberado, llenaría de oro y plata el techo, la habitación en la que estaba encarcelado.

Er unterschätzte die Gier der Spanier nach Gold und Silber, denn für die Inkas hatte es keinen materiellen, nur einen ideellen Wert. Gold bezeichneten sie als den „Schweiß der Sonne", Silber als „Schweiß des Mondes". Man nutzte diese Metalle, um die Ehrerbietung gegenüber Vater Sonne und Großmutter Mond auszudrücken. Pizarro und seine Gefolgsleute nahmen Atahuallpa in einem Handstreich gefangen und metzelten in der anschließenden Auseinandersetzung mit den Indios etwa 4.000 von ihnen nieder. Zu dieser Zeit war Spanien die führende Kriegsnation mit der am weitesten entwickelten Waffentechnik – Pferden, Musketen, Rüstungen und Waffen aus Stahl hatten die Krieger der Inka mit Rüstungen aus Leder und Waffen aus Holz nichts vergleichbares entgegenzusetzen.

Atahuallpa versprach Pizarro, den Raum, in dem er gefangen gehalten wurde, bis zur Decke mit Gold und Silber zu füllen, wenn er dafür freigelassen würde.

Cuando comenzó a recoger objetos de oro y plata de todas partes del imperio, Pizarro le informó que planeaba hacer Inca a Huascar.Pizarro le informó que planeaba hacer Inca a Huascar. Atahualpa entonces dejó matar a su hermano, pero no fue liberado después de que pagara el rescate, sino que fue sentenciado a muerte y ejecutado en un juicio ficticio por fraticidio y otros delitos cometidos por Diego de Almagro.

Als er begann, die Gegenstände aus Gold und Silber aus allen Teilen des Reiches zusammentragen zu lassen, informierte ihn Pizarro, dass er plane, Huascar zum Inka zu machen. Daraufhin ließ Atahuallpa seinen Bruder töten, wurde jedoch nach Erbringung des Lösegelds nicht freigelassen, sondern wegen Brudermordes und anderer Vergehen von Diego de Almagro in einem Schauprozess zum Tode verurteilt und hingerichtet.

Resistencia

En 1533 fue entronizado como sucesor Manco Qhapaq II, quien tres años más tarde se volvió contra los españoles y asedió la ciudad de Cusco, la cual habían conquistado.
La reconquista fracasó, se retiró y murió en 1541. Sus hijos Sayri Tupac y Titu Cusi Yupanqi permanecían en la resistencia, seguidos por su hermano Tupac Amaru, a quien los españoles capturaron y ejecutaron en 1572.

El regreso del Inca

Para restaurar el ya olvidado bienestar de antaño, algunos descendientes de los Incas, así como místicos andinos, esperan hoy en día „El regreso del Inca" y se preparan para ello con ayuda de herramientas y ejercicios espirituales.

Widerstand

Als Nachfolger wurde 1533 Manco Qhapaq II. inthronisiert, der sich jedoch drei Jahre später gegen die Spanier wandte und die zuvor von diesen eroberte Stadt Cusco belagerte. Die Rückeroberung misslang, er zog sich zurück und starb 1541. Seine Söhne Sayri Tupac und Titu Cusi Yupanqi führten den Widerstand fort, anschließend ihr Bruder Tupac Amaru, der 1572 von den Spaniern gefangengenommen und hingerichtet wurde.

Die Rückkehr des Inka

Um das heute in Vergessenheit geratene Wohlergehen früherer Tage wieder herzustellen, erwarten manche Nachfahren der Inka sowie andine Mystiker heute "Die Rückkehr des Inka" und bereiten sich darauf vor. Sie tun dies aktiv mit Hilfe spiritueller Tools und Übungen.

Los incas y Pachamama

Además del dios sol „Inti", los incas adoraban a la madre tierra „Pachamama" que vivía dentro de la tierra siendo el poder de toda vida y ser divino de la fertilidad.

Traducido de quechua, pacha significa „tierra" o „mundo".

Aún hoy en día, en la región andina, „Pachamama" todavía es sinónimo del término „tierra" y es venerada como una figura del mito de la creación india.

Los indios ven a „Pachamama" como fuente de energía de la vida, „...está por todas partes, en todo lo que nos rodea."

La árida región montañosa hace que los habitantes de los Andes sean conscientes día a día de su inmediata dependencia de „Pachamama", posiblemente así es como se ha mantenido viva la tradición religiosa.

Entre las gentes que viven allí y la „Madre Tierra" existe una estrecha relación.

Die Inka und Pachamama

Die Inka verehrten neben dem Sonnengott „Inti" die im Innern der Erde wohnende Erdmutter „Pachamama" als Kraft allen Lebens und göttliches Wesen der Fruchtbarkeit. Aus der Quechua-Sprache übersetzt bedeutet pacha „Erde" oder „Welt" Auch heute noch wird „Pachamama" in den Andenregionen synonym für den Begriff „Erde" verwendet und auch heute noch wird „Pachamama" als Figur aus dem indianischen Schöpfungsmythos verehrt. Die Indianer sehen in „Pachamama" die alles durchziehende Energiequelle des Lebens, „… sie ist überall vorhanden, in allem, was um uns herum ist."

Die karge gebirgige Region macht den Anden-Bewohnern ihre unmittelbare Abhängigkeit von „Pachamama" täglich bewusst, vermutlich wurde die religiöse Tradition dadurch am Leben erhalten. Zwischen den dort lebenden Menschen und „Mutter Erde" besteht eine enge Wechselbeziehung.

Se actúa bajo la creencia de que los dioses dan cosas buenas si la personas les hacen ofrendas. El vínculo con „Pachamama" se expresa no solo a través del respeto y la reverencia, sino también mediante ofrendas.

Cultivando la tierra, se reza -por ejemplo- por una cosecha fructífera y suficiente comida.

Se honra, con rituales tradicionales, el alimento sacado del vientre de la Madre Tierra.

Es wird nach dem Glauben gehandelt, dass die Götter Gutes geben, wenn die Menschen ihnen auch etwas spenden.

Die Verbundenheit zu „Pachamama" wird sowohl durch Achtung und Ehrerbietung als auch durch Opfergaben ausgedrückt. Beim Umgraben der Erde wird zum Beispiel für eine fruchtbare Ernte und ausreichende Nahrung gebetet. Mit traditionellen Ritualen wird die aus dem Schoß der Mutter Erde entnommene Nahrung geehrt.

Indigenas Peruanas

En la Cámara de los Horrores

El comisario Ascue yacía en el suelo. Abrió los ojos con dificultad y, a la pálida luz de unas velas, podía distinguir un rostro. Unos ojos oscuros le miraban fijamente.

La vista de Ascue se aclaraba poco a poco. Reconoció a quien tenía delante. - ¡Agustin! ¡Eres tú! - una sensación de alivio inundó su extrañamente insensible cuerpo.

- Javier. ¡Has vuelto! - El chamán lo miraba fijamente. - Eso es bueno. ¡Siempre es mejor si todavía viven!

Javier Ascue miró al gordo sin entenderlo. - ¿Qué dices? ¿Si todavía vive quién? Su mirada deambulaba buscando por la habitación.

Se acordaba. Antes de que le hubieran noqueado, el cadáver de Irene Brinkmann yacía sobre un gran piedra.

Sin embargo ahora allí, había dos cuerpos inertes.

In der Kammer des Schreckens

Kommissar Ascue lag auf dem Boden. Mühsam öffnete er seine Augen, und im fahlen Licht einiger Kerzen konnte er ein Gesicht erkennen. Dunkle Augen starrten ihn an. Sein Blick wurde langsam klarer. Er erkannte sein Gegenüber. "Agustin! Du bist das!" - Ein Gefühl von Erleichterung durchflutete seinen seltsam gefühllosen Körper.

"Javier. Da bist du ja wieder!" Der Schamane sah ihn starr an. "Das ist gut. Es ist immer besser, wenn sie noch leben!"

Javier Ascue sah den dicken Mann verständnislos an. "Was redest du da? Wenn wer noch lebt?" Seine Augen wanderten suchend durch den Raum. Er erinnerte sich. Bevor man ihn niedergeschlagen hatte, war auf einem großen Stein die Leiche von Irene Brinkmann gelegen. Jetzt lagen da allerdings gleich zwei reglose Körper.

Agustín Rivera los señaló.

- Desafortunadamente, estos dos ya estaban muertos cuando llegaron aquí. Incluso tuve que conservar a la mujer. Pero tú sigues en buena condiciones. Pachamama estará especialmente contenta si le llegas fresco ... ¡eso le encanta!

Pasaron unos instantes hasta que el comisario tomó conciencia de lo que el chamán acababa de decir.

Horrorizado quiso dar un salto, y solo entonces se dio cuenta de que sus manos y pies estaban atados. Indefenso, se derrumbó de nuevo.

- ¡Agustín! ¿Qué coño estás haciendo? ¿Te has vuelto completamente loco? - El pánico saltó sobre él como un animal salvaje.

Tiraba de sus ataduras. De su boca salían inarticulados sonidos animales. Pero sólo su propio eco le respondió, cuando Rivera lo agarró por el cuello y lo arrastró junto a las otras víctimas.

Agustin Rivera deutete darauf. "Die beiden waren leider bereits tot, als sie hier gelandet sind. Die Frau musste ich sogar konservieren. Aber du bist noch in bestem Zustand. Da wird sich Pachamama besonders freuen, wenn du ganz frisch zu ihr kommst … sie liebt das!"

Es dauerte einige Augenblicke, bis dem Kommissar bewusst wurde, was der Schamane soeben gesagt hatte. Er wollte entsetzt aufspringen, und bemerkte erst jetzt, dass seine Hände und Füße gefesselt waren. Hilflos sackte er wieder in sich zusammen. "Agustin! Was soll das? Bist du komplett verrückt geworden?" Die Panik sprang ihn an wie ein wildes Tier. Er riss an seinen Fesseln, unartikulierte tierische Laute drangen aus seinem Mund. Doch nur sein eigenes Echo antwortete ihm, als ihn Agustin Rivera am Kragen packte und zu den anderen beiden Opfern schleppte.

- ¡Deja de gritar y no patalees tanto! ¡No hay nadie aquí para ayudarte! ¿Y por qué deberías hacerlo? ¡Estás elegido para salvar al viejo imperio incaico! ¡Deberías estar orgulloso!.

Jadeando ruidosamente, el chamán empujó los cadáveres de Irene y Oskar Brinkmann juntándolos un poco más.

- Donde hay lugar para dos sacrificios, hay lugar para tres, - jadeaba. Luego agarró al comisario, que aún chillaba y se retorció como un loco, y lo arrastró a la mesa de sacrificios junto a los otros dos.

Con su considerable peso, Agustín Rivera presionó firmemente a su víctima sobre la espalda y rodeó el cuello de Javier Ascue con los dedos de una mano.

- ¡No me lo pongas tan difícil, - resopló.
- ¡Relájate, será muy rápido!

"Hör auf zu Schreien, und zapple nicht so herum! Hier ist ja doch keiner, der dir hilft! Warum auch? Du bist auserkoren, um das alte Inka-Reich zu retten! Du solltest stolz sein!"

Der Schamane schob laut schnaufend die Leichen von Irene und Oskar Brinkmann etwas enger zusammen. "Wo für zwei Opfergaben Platz ist, da passt es auch für drei," keuchte er. Dann packte er den immer noch kreischenden und wild zappelnden Kommissar, und schob ihn neben die beiden anderen auf den Opfertisch.

Agustin Rivera drückte sein Opfer mit seinem beachtlichen Gewicht fest auf dessen Rücken und umfasste mit den Fingern einer Hand den Hals von Javier Ascue. "Jetzt mach es mir doch nicht so schwer," japste er. "Entspann dich, dann geht es ganz schnell!"

En el valle sagrado

El autobús que baja al Valle Sagrado (El Valle Sagrado de los Incas, Quechua: Willka Qhichwa) está bastante lleno.

Sin embargo, una anciana vestida con ropa cara y muy adornada con joyas de oro reclama dos asientos para si sola.

„Maus" no lo puede entender, y expresa su disgusto en voz alta. Pero, en el bus, parece que eso no le interesa a nadie.

La mayoría de los pasajeros con las plazas de pie baratas son granjeros locales, cuyas esposas, además, a menudo tienen uno o dos hijos en sus brazos.

Por el medio hay algunas jaulas pequeñas con gallinas. Todo el mundo está charlando y el cacareo de las gallinas se mezcla con todo.

He conseguido un lugar de pie directamente detrás del conductor de nuestro autobús, y puedo leer frases en la pared divisoria de vidrio.

Im heiligen Tal

Der Bus hinunter in das *Valle Sagrado* (*Das Heilige Tal der Inka*, Quechua: *Willka Qhichwa*) ist ziemlich voll.

Trotzdem beansprucht eine teuer gekleidete und schwer mit Gold-Schmuck behängte ältere Frau zwei Sitz-Plätze alleine für sich. „Maus" kann das nicht verstehen, und tut ihren Unmut laut kund. Aber im Bus scheint das keinen zu interessieren.

Die meisten Fahrgäste mit den billigen Stehplätzen sind einheimische Bauern, deren Frauen oft noch dazu ein bis zwei Kinder auf den Armen haben. Dazwischen stehen ein paar kleine Käfige mit Hühnern. Alle schwatzen durcheinander und dazu mischt sich das Gackern der Hühner.

Ich habe einen Steh-Platz direkt hinter unserem Bus Fahrer ergattert, und kann dort auf der gläsernen Trennwand sinnvolle Sprüche lesen.

„Dios me salve en todos mis caminos" y cosas por el estilo. Bajo el dibujo de un corazón ensangrentado está escrito: „¡Yo amo Jesús!"

En la radio resuena típica música andina de tambores y flautas de Pan. Puedo apoyarme en el tabique del conductor, pero no puedo agarrarme a nada.

El hecho de que me deslice siempre de un lado a otro -indefenso- en las curvas que nuestro conductor -con gran confianza en Dios- toma una y otra vez, obviamente llena de disgusto al buen hombre.

Por eso frena elegantemente en seco, desaparece afuera por un momento y finalmente regresa con un pequeño barril, que pone en el suelo delante de mí.

Debo sentarme ahí, me indica amablemente pero con decisión. Tan pronto me siento, enciende el Bus de nuevo y arranca a todo gas. Ahora, resbalo por el suelo -junto con el barril- en cada curva, observado alegremente por la dama de los dos asientos.

„Gott beschütze mich auf all meinen Wegen" und dergleichen mehr. Unter einer Grafik eines blutigen Herzens steht: „Ich liebe Jesus!"

Aus dem Radio dröhnt typische Anden-Musik mit Trommeln und Pan-Flöten. Ich kann mich zwar an die Trennwand zum Fahrer anlehnen, aber nirgends so richtig festhalten. Dass ich in den Kurven, welche unser Fahrer mit dem großen Gottvertrauen jedes Mal rasant durchfährt, immer hilflos hin und her rutsche, passt dem guten Mann ganz offensichtlich nicht. Daher legt er eine elegante Vollbremsung hin, verschwindet kurz nach draußen und kommt schließlich mit einem kleinen Fass wieder, welches er vor mir auf den Boden stellt. Ich soll mich darauf setzen, meint er freundlich aber bestimmt. Erst nachdem ich sitze, startet er den Bus wieder und gibt Vollgas. Ich rutsche nun in jeder Kurve zusammen mit dem Fass auf dem Boden hin und her, und werde dabei vor allem von der Dame mit den zwei Sitzplätzen belustigt beobachtet.

„Maus" y Stine, y el joven alemán „que no tiene nada mejor que hacer en este momento", por pura diversión, ante la vista que parece que les ofrezco, no pueden dejar de reírse. Para „Maus" la diversión se desvanece, cuando se da cuenta de que el conductor se detiene entre dos paradas oficiales, para dejar salir a la dama „con el privilegio de dos asientos" justo delante de la puerta principal de su casa.

¿Estoy equivocado, o me ha lanzado una mirada arrogante cuando pasaba de camino hacia la puerta principal?

El conductor nos cuenta más tarde que es la esposa de un hombre importante, y que por supuesto ella había pagado dos billetes. Parece no entender en absoluto cuál es nuestro problema.

Llegamos al Valle del Urubamba, donde el río del mismo nombre ruge a través de su estrecho cauce en dirección a Aguas Calientes y luego cruza deprisa hacia la selva peruana.

„Maus" und Stine, die mit dem jungen Deutschen „der gerade nichts besseres zu tun hat", auch mit von der Partie sind, können sich vor lauter Vergnügen über den Anblick, den ich anscheinend biete, gar nicht mehr halten vor Lachen. „Maus" vergeht aber dann der Spass, als sie bemerkt, dass der Fahrer extra zwischen zwei offiziellen Haltestellen stoppt, um die Dame „mit dem Privileg der zwei Sitzplätze" direkt vor ihrer Haustüre raus zu lassen. Irre ich mich, oder hat sie mir eben einen höhnischen Blick zugeworfen, als sie hochnäsig an mir vorbei zur Vordertür geht? Der Fahrer erzählt uns dann später, dass das die Frau eines wichtigen Mannes wäre, und dass sie natürlich zwei Fahrkarten bezahlt hätte. Er scheint gar nicht zu verstehen,was unser Problem ist.

Wir sind im Urubamba Tal angekommen, wo der gleichnamige Fluss tosend sein schmales Bett in Richtung Aguas Calientes und dann weiter zum peruanischen Regenwald durcheilt.

Aquí nos quedamos dos días para recorrer caminando las colinas que rodean el verde valle.

Los nativos, en su mayoría indios pobres, viven en su propio mundo, con sus propios valores y conceptos de tiempo.

Esto se hace evidente cuando nos encontramos con una familia india en una ladera en lo alto del valle, que acaba de guisar un montón de patatas en un horno de piedra construido por ellos mismos.

Nos preguntan cuánto nos ha costado el viaje desde los países lejanos.

Aunque nosotros -dado el hecho de que los indios aquí tienen muy poco dinero en efectivo- sólo damos una décima parte del coste real, la buena gente no puede concebir cómo se puede tener tanto dinero y gastárselo en viajes inútiles.

Sin embargo, nos invitan a unas patatas calientes, y rechazan indignados cualquier pago.

Hier bleiben wir zwei Tage um in den Hügeln rund um das grüne Tal zu wandern.

Die Einheimischen, großteils bettelarme Indios, leben in ihrer eigenen Welt, mit eigenen Zeit- und Wertvorstellungen.

Das wird deutlich, als wir auf einem Hang, hoch über dem Tal, eine Indio Familie treffen, welche soeben in einem selbst gebauten Steinofen eine ganze Menge Kartoffeln schmort.

Man fragt uns, was uns eigentlich die Reise aus den fernen Ländern gekostet hat. Obwohl wir, angesichts der Tatsache, dass die Indios hier kaum über nennenswerte Mengen an Bargeld verfügen, nur ein Zehntel der tatsächlichen Kosten angeben, können die guten Leute es gar nicht fassen, wie man so viel Geld haben, und das noch dazu für sinnloses Herumreisen ausgeben kann.

Sie laden uns aber trotzdem zu einigen heißen Kartoffeln ein, und schlagen eine Bezahlung empört ab.

Aquí crecen por igual docenas de diferentes variedades de patatas. Todas son muy ricas, y cuando salimos a caminar hacia una cordillera lejana, quieren darnos unas papas para el camino.

- ¿A qué distancia está esa montaña? - Stine apunta interrogativamente a su reloj de pulsera.

- Dos horas, - fue la respuesta de los indios.

Esto me pareció muy poco realista, y después de dos horas de caminata a buen paso apenas nos acercamos a la montaña. Después de una breve pausa nos damos la vuelta. En el camino de regreso nos encontramos de nuevo con los generosos indios.

- Dos horas. ¿Sí? - dice uno de ellos. Confirma su opinión incluso asintiendo con fuerza.

Aparentemente toma el hecho de que han pasado casi cuatro horas hasta ahora como prueba para su afirmación. Dos horas de ido y dos de vuelta …

Hier wachsen gleich dutzende verschiedene Kartoffel-Sorten. Sie schmecken alle hervorragend, und als wir dann aufbrechen, um in Richtung eines weit entfernten Gebirgszuges zu wandern, wollen sie uns noch einige Kartoffeln für den Weg mit geben.
"Wie weit ist es denn bis zu diesem Berg?" - Stine deutet fragend auf ihre Armbanduhr.
"Zwei Stunden," war die Antwort der Indios.

Das kam mir sehr unrealistisch vor, und als wir nach zwei Stunden zügigem Wandern dem Berg rein optisch noch kaum nähergekommen sind, drehen wir nach einer kurzen Pause wieder um.

Auf dem Rückweg treffen wir die freigiebigen Indios wieder. "Zwei Stunden. Ja?" - meint einer von ihnen. Er bekräftigt seine Meinung selbst mit heftigem Nicken.

Dass bis jetzt knapp vier Stunden vergangen sind, nimmt er anscheinend als Beweis für seine Behauptung. Zwei Stunden hin, und zwei zurück …

Pronto aprenderemos que la indicación temporal „dos horas" para los indios significa que tienes que caminar un buen rato para llegar a tu destino.

Mientras lo pasamos bien en el Valle Sagrado con temperaturas agradables, en Cusco está nevando por primera vez en este año. Las noticias de la televisión local están llenas de informes sobre grandes ventisqueros, indigentes muertos por congelación, y varios accidentes. Cuando regresamos a Cusco en bus, hace más frío que nunca.

Wir werden bald lernen, dass die Zeitangabe "zwei Stunden" für die Indios bedeutet, dass man eben eine ganze Weile zu laufen hat, bis man am Ziel ist.

Während wir es uns im Valle Sagrado (heiliges Tal) bei angenehmen Temperaturen gut gehen lassen, schneit es in Cusco das erste Mal in diesem Jahr. Die lokalen TV Nachrichten Sender überschlagen sich mit Berichten von großen Schneeverwehungen, erfrorenen Obdachlosen Indios und etlichen Unfällen. Als wir wieder mit dem Bus zurück nach Cusco kommen, ist es kälter als je zuvor.

Paco Rivera

El comisario Ascue tenía ganas de vomitar y le dolía mucho el cuello. Apenas podía respirar. Volvió lentamente en sí. Estaba acostado en el suelo y algo a su lado olía a sangre y muerte.

Abrió los ojos con dificultad y a la débil luz de las velas apareció el rostro de un inca magníficamente ataviado ante él.

Al principio Ascue no estaba seguro de si estaba soñando o tenía alucinaciones, pero luego, lentamente, comenzó a recordar.

- ¿Paco? - Le costó infinito esfuerzo hablar.
- ¿Qué pasó? - Intentó mover los brazos y las piernas. Funcionó. Alguien le había quitado los grilletes.

Paco Rivera lo miró atormentado. - Él no debía haber hecho esto, - dijo, - ¡La Pachamama se habría enfadado mucho con nosotros!

- ¿Quién...? - gruño Ascue con voz ronca.

Paco Rivera

Kommissar Ascue war speib-übel und sein Hals schmerzte fürchterlich. Er konnte kaum atmen. Nur langsam kehrte sein Verstand zurück. Er lag auf dem Boden und irgend etwas neben ihm roch nach Blut und Tod. Mühsam öffnete er seine Augen, und das Gesicht eines prächtig geschmückten Inkas tauchte im schwachen Kerzenlicht vor ihm auf. Ascue war sich erst nicht sicher, ob er träumte oder Halluzinationen hatte, dann aber kehrte die Erinnerung langsam zurück.

"Paco?" Es kostete ihm unendliche Mühe zu sprechen. "Was ist passiert?" Er versuchte seine Arme und Beine zu bewegen. Es ging. Jemand hatte ihm seine Fesseln abgenommen.

Paco Rivera sah ihn gequält an. "Er hat das nicht tun dürfen", meinte er, "Pachamama wäre sehr böse mit uns gewesen!"

"Wer … ?" - krächzte Ascue mit belegter Stimme.

- Agustín quería sacrificarte – murmuró Paco
- pero no está permitido sacrificar a hermanos. La Pachamama dice que eso no puede ser… ¡sería el fin del mundo!

Javier Ascue, a pesar de su dolor, se levantó del suelo e involuntariamente profirió un grito ronco.

Se dio cuenta horrorizado de que, literalmente, estaba dentro de un montón de muertos.

Sobre el altar yacían dos cadáveres desnudos: Irene Brinkmann, parcialmente momificada, y su esposo Oskar. Ambos habían sido cuidadosamente limpiados y adornados con flores. En el suelo estaba finalmente, extendido cuan largo era, Agustín Rivera, con los ojos muy abiertos, y la lengua colgando pesada y oscura de su boca.

Obviamente había sido estrangulado. Eso era demasiado para el comisario. Sin fuerzas, cayó de rodillas y atónito miró a Paco.

"Agustin wollte dich opfern", murmelte Paco, "aber man darf keine Brüder opfern. Pachamama sagt, das darf nicht sein ... das wäre das Ende der Welt!"

Javier Ascue rappelte sich trotz seiner Schmerzen vom Boden hoch, und stieß unwillkürlich einen heiseren Schrei aus. Voller Entsetzen bemerkte er, dass er sich buchstäblich in einem Haufen von Toten befand.

Auf dem Altar lagen zwei nackte Leichen - die teilweise mumifizierte Irene Brinkmann und ihr Ehemann Oskar. Beide sorgfältig gesäubert und mit Blumen geschmückt.

Am Boden schließlich, lang ausgestreckt, Agustin Rivera, seine Augen weit aufgerissen, und die Zunge hing ihm schwer und dunkel aus dem Mund. Er war offensichtlich erwürgt worden. Das war Zuviel für Kommissar Ascue. Er sank kraftlos auf die Knie und sah Paco fassungslos an.

Pero la conciencia de Paco Rivera ya se había retirado hacía los abismos más profundos de su alma maltratada.

Estaba sentado en el suelo completamente inmóvil, solo un leve destello de sus ojos oscuros indicaba que aún estaba vivo.

Aber Paco Riveras Bewusstsein hatte sich bereits wieder in die tiefsten Abgründe seiner geschundenen Seele zurückgezogen. Er saß vollkommen bewegungslos am Boden, nur ein schwaches Flackern seiner dunklen Augen zeigte, dass er noch lebte.

Excursiones escolares

Estoy disfrutando al máximo de mi estancia en Perú, mientras que, por supuesto, presto cada vez menos atención a las clases de español.

Una y otra vez, nuestra clase hace excursiones a los alrededores cercanos y no tan cercanos de Cusco.

Estuvimos en Machu Picchu, nos bañamos juntos en el Río Urubamba, exploramos las ruinas de Sacsayhuaman -más arriba de Cusco-, caminamos por el Valle Sagrado, y no nos asustaron aventuras culinarias como „chicharrones" -trozos asados de piel de cerdo- o como los cuyes a la parrilla.

Sólo „Maus" se convierte -lenta pero segura- en un problema, ya que quiere mejorar el mundo. Después de contarle que mi pareja de tándem -Javier- sueña con Europa, está salvajemente decidida casarse con él.

Schulausflüge

Ich genieße meine Zeit in Peru in vollen Zügen, wobei natürlich der Spanisch-Unterricht weiter leidet. Unsere Klasse unternimmt immer wieder gemeinsam Ausflüge in die nähere und auch weitere Umgebung von Cusco.

Wir haben Machu Picchu gesehen, gemeinsam im Rio Urubamba gebadet, die Ruine von Sacsayhuaman oberhalb von Cusco erkundet, das heilige Tal erwandert, und sind auch vor kulinarischen Abenteuern wie "Chicharrones", das sind gebratene Stücke von ausgelassener Schweinehaut, sowie gegrillten Meerschweinchen, nicht zurück geschreckt.

Nur "Maus" entwickelt sich langsam, aber sicher, zu einem Welt-Verbesserer Problem. Nachdem ich ihr erzählt habe, dass mein Tandem Partner Javier von Europa träumt, ist sie wild entschlossen, ihn zu heiraten.

Aunque sólo sea en forma de un matrimonio de apariencia. Mis reparos, no tiene en cuenta lo que él debería hacer en Suiza para ganarse la vida. Como todos los suizos que conozco, está convencida de que la posesión de la ciudadanía suiza por sí sola garantizaría unas condiciones paradisíacas.

Tanto si quiere como si no. Menos mal que no he visto a Javier desde hace días. „Maus" se marchará pronto. Quién sabe lo que el comisario se ha ahorrado.

Wenn auch nur in Form einer Schein-Ehe. Meine Einwände, was zum Kuckuck er denn in der Schweiz tun solle, um zu überleben, wischt sie locker vom Tisch. Wie alle Schweizer die ich kenne, ist sie überzeugt, dass der Besitz der Schweizer Staatsbürgerschaft alleine schon dafür sorgen würde, dass paradiesische Zustände über einen hereinbrechen. Ob man das will, oder auch nicht. Nur gut, dass ich Javier schon seit Tagen nicht mehr gesehen habe. "Maus" wird bald abreisen. Wer weiß, was dem Kommissar da alles erspart geblieben ist.

Desenlace

Javier Ascue estaba sentado en su oficina en Cusco, pensativo.

Una vez más intentó a aclarar mentalmente su cabeza, los acontecimientos de los últimos días. Oskar Brinkmann aparentemente había tenido una relación con Monika Bergmann, que a su vez tenía un costoso problema de drogas, como, mientras tanto, un informante de la escena le había confirmado.

Así que formaban la pareja perfecta. Probablemente él había financiado las drogas para ella, y ella se había deslizado agradecida a su cama.

No sabía dónde se habían conocido los dos, pero sospechaba que en la embajada alemana.

¿Brinkmann había tenido algo que ver con la muerte de su esposa Irene o no? Ahora estaba muerto, igual que ella.

Auflösung

Javier Ascue saß nachdenklich in seinem Büro in Cusco.

In Gedanken versuchte er sich noch einmal das Geschehen der vergangenen Tage klar zu machen. Oskar Brinkmann hatte anscheinend ein Verhältnis mit Monika Bergmann gehabt, diese wiederum ein teures Drogenproblem, wie ihm inzwischen ein Informant aus der Szene bestätigt hatte.

So waren die beiden Richtigen zusammengekommen. Er hatte ihr wahrscheinlich die Drogen finanziert, und sie war dafür dankbar in sein Bett geschlüpft. Wo sich die beiden kennengelernt hatten, wusste er nicht, er vermutete aber, in der deutschen Botschaft.

Ob Brinkmann jetzt mit dem Tod seiner Frau Irene etwas zu tun gehabt hatte, oder nicht? Nun, er war tot, genauso wie sie.

Lo que Brinkmann había querido hacer exactamente en Machu Picchu, ya no lo podría averiguar. ¡Los muertos no hablan!

¿Y Agustín y Paco Rivera? Paco había perdido la cordura por completo desde que había asesinado a su hermano, asesinado para salvar la vida del comisario Ascue.

El cómo lo había hecho a cabo Paco, era un misterio para él. Javier recordó que había atado a Paco antes de entrar en la cámara subterránea.

Por suerte, Javier Ascue era un descendiente directo de los Incas, y sobre todo que también tenía ese aspecto. Por uno de los muchos mestizos de aquí, o incluso por un extranjero, Paco ciertamente no habría movido un dedo.

Tal vez Agustín y Paco ya habían estado asesinado juntos durante mucho tiempo, y en retrospectiva, ahora para el comisario estaba claro por qué Agustín, como chamán, supuestamente había sido capaz de dar pistas sobre la ubicación de algunos extranjeros desaparecidos.

Was genau Brinkmann in Machu Picchu gewollt hatte, würde er nicht mehr heraus finden können. Tote reden nicht!

Und Agustin und Paco Rivera? Pacos Verstand hatte sich endgültig von ihm verabschiedet, seitdem er seinen Bruder getötet hatte - getötet, um Kommissar Ascue das Leben zu retten. Wie Paco das angestellt hatte, war ihm ein Rätsel. Javier erinnerte sich, dass er Paco gefesselt hatte, bevor er in die unterirdische Kammer geklettert war.

Javier Ascues Glück war es gewesen, dass er ein direkter Nachfahre der Inkas war, und vor allem auch so aussah.

Für einen der vielen Mischlinge hier, oder gar für einen Ausländer, hätte Paco sicher keinen Finger gerührt. Agustin und Paco hatten vielleicht schon lange zusammen gemordet, und im Nachhinein war dem Kommissar jetzt auch klar, warum Agustin als Schamane angeblich in der Lage gewesen war, Hinweise auf den Fundort von einigen vermissten Ausländern zu geben.

Suspirando, se volvió hacia su vieja máquina de escribir. Ahora llegó el trabajo que más odiaba. Por supuesto, se le pidió que presentara un informe completo.

Los ritmos de „Pachacuti" resonaban en la vieja radio de su escritorio.

Le gustaba esta música tradicional. Ella lo conectaba con su gente, así como con su fe común en la Madre Tierra.

También él, Javier Ascue, era inca, también era hijo de Pachamama.

Seufzend wandte er sich seiner alten Schreibmaschine zu. Jetzt kam die Arbeit, die er am meisten hasste. Man verlangte natürlich einen umfassenden Bericht von ihm.

Aus dem alten Radio auf seinem Schreibtisch drangen die schwungvollen Rhythmen von "Pachakuti". Er mochte diese traditionelle Musik. Sie verband ihn mit seinem Volk, genauso wie ihr gemeinsamer Glaube an die Mutter Erde.

Auch er, Javier Ascue war ein Inka, auch er war ein Sohn der Pachamama.

Nota del autor

Pachamama sigue siendo considerada como la deidad más importante de los indígenas de Sudamérica (a pesar de todos los intentos de conversión de la Iglesia Católica).

En esta historia he relatado mis impresiones y experiencias personales de mi viaje a Perú.

Casi todas las personas descritas existen en la realidad, sin embargo he cambiado parcialmente los nombres y/o las ocupaciones. En cuanto al caso (ficticio) de asesinato, se deja para el lector reflexionar acerca de por qué Irene Brinkmann se despeño en el Huayna Picchu.

¿Tuvo su marido algo que ver, o fue sólo un accidente?

Hay indicios en la historia, pero la claridad perfecta sobre tales acontecimientos sólo existe en la teoría, en la realidad siempre quedan dudas.

Anmerkung des Autors

Pachamama (gesprochen: "Patschamama") wird von den Indígenas (Ureinwohnern) von Südamerika immer noch (trotz aller Bekehrungsversuche der katholischen Kirche) als wichtigste Gottheit angesehen. Ich habe in dieser Geschichte meine persönlichen Eindrücke und Erlebnisse von einer Reise nach Peru niedergeschrieben. Es gibt beinahe alle der beschriebenen Personen auch in Wirklichkeit, allerdings sind Namen bzw. Berufe teilweise geändert. Was den (frei erfundenen) Mordfall betrifft: Es bleibt dem Leser vorbehalten, sich zu überlegen, warum Irene Brinkmann auf dem Huayna Picchu abgestürzt ist. Hatte ihr Mann etwas damit zu tun, oder war es doch nur ein Unfall? Es gibt in der Geschichte Hinweise, aber vollkommene Klarheit über solche Geschehnisse gibt es nur in der Theorie, in der Wirklichkeit bleiben immer Zweifel.